Daniel BERLION

1er en Mathématiques

CE2

CYCLE DES APPROFONDISSEMENTS

HACHETTE
Éducation

Sommaire

Conception graphique : *Atelier JMH*
Mise en page et schémas techniques : *Insolencre*
Illustrations : *Élisabeth Schlossberg*

ISBN : 2.01.1667852

Avant-propos

Cet ouvrage d'entraînement aux mathématiques pour le CE2 comprend 22 leçons et 4 révisions. Dans chaque leçon, tu trouveras :

– la présentation d'une notion mathématique dans un encadré intitulé « **Retiens bien!** » ;

– **des exercices d'application** (calcul mental, opérations, utilisation de la calculatrice et des instruments de géométrie) ;

– **un problème** pour t'habituer à la réflexion logique ;

– le dessin d'**une frise** à continuer (tu y apprendras, sous une forme attrayante, le maniement des instruments, la rigueur du geste et le goût du travail propre et bien fait) ;

– **un bilan**, avec de brefs conseils pratiques et des exercices d'évaluation ;

– enfin, **un jeu** pour te distraire.

Tu pourras parfois répondre directement sur ce livre, mais, le plus souvent, tu devras utiliser un cahier pour poser les opérations, écrire les réponses des exercices et les solutions des problèmes, faire les bilans, tracer les frises et les figures (choisis de préférence un cahier avec des pages quadrillées).

À la fin de l'ouvrage, **les corrigés** te permettront de vérifier seul(e) ton travail.

Avec **les bilans** réguliers et **les révisions**, tu mesureras tes progrès : note tes résultats en consultant les corrigés, et inscris ton total dans les cases prévues à cet effet.

Lorsque l'année sera achevée, tu pourras connaître ton niveau en effectuant les exercices d'**auto-évaluation**.

1 Les nombres de 0 à 100

Retiens bien !

Un nombre peut s'écrire :
– avec des chiffres : 0 – 1 – 2 – 3 – 4 – 5 – 6 – 7 – 8 – 9.
Ex. : 25 ; 99.
– avec des lettres :
Ex. : vingt-cinq, quatre-vingt-dix-neuf.
9 + 1 = 10   10 unités = 1 dizaine.

Entraîne-toi !

1 Observe les exemples et complète ce tableau.

17	10 + 7	1 dizaine 7 unités
38	30 + 8	3 dizaines 8 unités
24	20+4	2 diz + 8 uni
53	50+3	5 d + 3 u
99	90+9	9 d 9 u
72	70+2	7 d 2 u
66	60+6	6 d 6 u

2 Range ces nombres du plus petit au plus grand.

32 – 14 – 75 – 9 – 83 – 50.
9 < 14 < 32 < 50 < 75 < 83

3 Complète par < ou >.

54 < 60   48 > 31   81 > 79
35 > 21   6 < 92   64 > 46

Réfléchis et complète !

4 **Dans les nombres suivants, entoure le chiffre des dizaines.**

Ex. : ⑤ 7

43 – 26 – 75 – 19 – 100 – 8.

5 **Continue ces suites de nombres.**

15 – 16 – 17 – 18 – 19 – 20.

49 – 48 – 47 – 46 – 45 – 44.

77 – 78 – 79 – 80 – 81 – 82.

6 **Écris le nombre qui précède et le nombre qui suit chacun des nombres donnés.**

Nombre précédent	Nombre donné	Nombre suivant
26	27	28
58	59	60
69	70	71

7 **Complète.**

Nombre en chiffres	Nombre en lettres
17	dix-sept
23	vingt-trois
62	soixante-deux
75	soixante-quinze
98	quatre-vingt-dix-huit

Effectue les opérations !

8 **Parmi ces écritures additives, recopie seulement celles qui sont égales à 19.**

10 + 9   15 + 5   17 + 2   6 + 5 + 8

8 + 6 + 2   1 + 9 + 10   3 + 12 + 4   4 + 6 + 9

9 **Compte les additions suivantes.**

$$\begin{array}{r} 34 \\ +\ 25 \\ \hline 59 \end{array} \qquad \begin{array}{r} 41 \\ +\ 47 \\ \hline 88 \end{array} \qquad \begin{array}{r} 63 \\ +\ 36 \\ \hline 99 \end{array}$$

Résous le problème !

Voici, à la rentrée, le nombre d'élèves des classes d'une école :

cours préparatoire : 23 ;
cours élémentaire 1 : 21 ;
cours élémentaire 2 : 27 ;
cours moyen 1 : 24 ;
cours moyen 2 : 22.

A – Dans quelle classe y a-t-il le plus d'élèves ? CE2

B – Dans quelle classe y a-t-il le moins d'élèves ? CE1

C – On regroupe les deux cours élémentaires pour aller à la piscine.
Combien d'enfants iront à la piscine ? 48

D – Les élèves des deux cours moyens forment une chorale.
Combien d'élèves chanteront ensemble ? 46

E – Tous les élèves, sauf ceux du cours préparatoire, participent au cross organisé par l'U.S.E.P.
Combien d'enfants iront courir ? 94

Continue la frise !

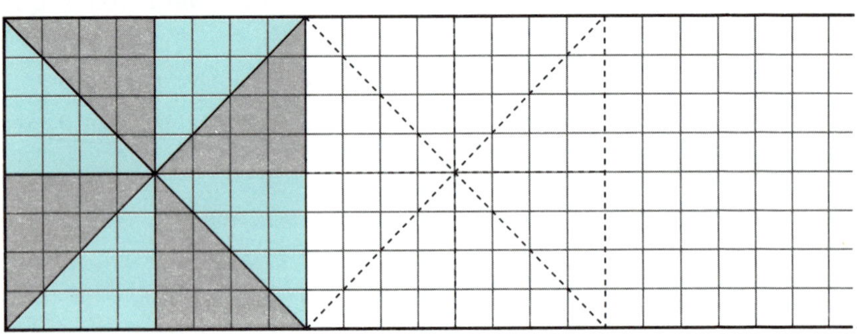

+ = Fais le bilan + = + = + =

Rappel

Pour comparer deux nombres plus petits que 100, on compare d'abord les chiffres des dizaines.

27 et **51** → **2** < **5** → **27** < **51**

S'ils sont égaux, on compare les chiffres des unités.

27 et **29** → **7** < **9** → **27** < **29**

I **Range ces nombres du plus grand au plus petit.**

91 – 17 – 35 – 8 – 53 – 97 – 44.

97 > 91 > 53 > 44 > 35 > 17 > 8

5 /5

II **Recopie les écritures additives qui sont égales à 15.**

10 + 5 12 + 6 13 + 2 5 + 5 + 5

8 + 7 9 + 7 1 + 4 + 8 3 + 9 + 3

5 /5

Compare tes réponses avec celles des corrigés, p. 106, puis calcule ton score sur 10.

TOTAL

10 /10

Jeu — *Sur le chemin de l'école*

Pour aller à l'école, Martine passe par les cases contenant un nombre plus grand que 54. Colorie son chemin.

2 Trouver la somme de deux nombres

Retiens bien !

Quand on fait la somme de deux nombres, on peut changer l'ordre de ces nombres (les « termes » de la somme) sans changer le résultat.

7 + 3 = 3 + 7 = 10.

Entraîne-toi !

1 Observe bien l'exemple et complète.

Ex. : 3 + 6 = 6 + 3 = 9

2 + 8 = 8 + 2 = 10

15 + 5 = 5 + 15 = 20

8 + 14 = 14 + 8 = 22

13 + 12 = 12 + 13 = 25

2 Ajoute les bougies qui ont été oubliées sur ces gâteaux d'anniversaire.

Sylvie a 9 ans — Maud a 12 ans — Eddy a 17 ans

3 Observe bien l'exemple et complète.

Ex. : 5 + 7 < 5 + 8

4 + 8 < 4 + 9

6 + 5 < 6 + 6

8 + 6 < 8 + 7

12 + 7 < 12 + 8

20 + 12 < 20 + 13

16 + 15 < 16 + 16

Réfléchis et complète !

4 **Observe l'exemple et décompose les nombres.**

Ex. : 37 = 30 + 7.

42 = 40 + … 71 = 60 + …

79 = 70 + … 95 = 80 + …

5 **Calcule mentalement.**

Ex. : 50 + 4 = 54.

20 + 8 = … 60 + 13 = … 90 + 6 = …

40 + 7 = … 60 + 17 = … 80 + 11 = …

6 **Complète mentalement.**

Ex. : 60 + 40 = 100.

40 + … = 100 30 + … = 100

50 + … = 100 10 + … = 100

7 **Complète avec le signe qui convient (<, > ou =).**

12 + 6 … 10 + 6 15 + 15 … 25 + 5

7 + 8 … 8 + 7 29 + 10 … 22 + 10

8 **Complète ce tableau.**

+	4	5	2	.	8
6	10	.	.	.	.
9	.	.	.	.	.
.	11	.	.	.	.
10	.	.	.	17	.
.	.	.	.	.	13

9 **Recopie seulement les écritures additives du nombre 72.**

70 + 2	70 + 12	60 + 12	30 + 30 + 12
40 + 32	60 + 10 + 12	60 + 6 + 6	40 + 30 + 2

Résous le problème !

Pour leur cinquantième anniversaire de mariage, les grands-parents de Rodolphe ont envoyé des invitations.
Il y aura :
32 adultes de la famille (oncles, tantes, parents) ;
19 adultes amis ;
17 enfants de la famille ;
18 enfants des amis.

A – Combien d'enfants, en tout, seront invités ? 35

B – Combien de grandes personnes (adultes) seront invitées ? 51

C – Combien de personnes, en tout, seront autour des grands-parents de Rodolphe pour les regarder souffler les bougies de leur gâteau d'anniversaire ? 86

Continue la frise !

+ = Fais le bilan + = + = + =

Rappel

Pour effectuer la somme de plusieurs nombres, on peut changer l'ordre des termes.

15 + 10 + 13 = 15 + 13 + 10 = 10 + 13 + 15 = ...

I Décompose ces nombres.

53 = 50 + ...3 — 75 = 60 + ...15

84 = 80 + ...4 — 97 = 80 + ...17

4 /4

II Complète avec le signe qui convient (<, > ou =).

5 + 2 ...< 3 + 7 — 9 + 5 ...< 8 + 9

22 + 3 ...< 17 + 9 — 27 + 2 ...< 22 + 8

11 + 6 ...> 12 + 4 — 19 + 10 ...= 23 + 6

5 /6

Compare tes réponses avec celles des corrigés, p. 107, puis calcule ton score sur 10.

TOTAL 9 /10

Jeu

Le gâteau d'anniversaire

Colorie les zones :
- en rouge, si la somme des deux nombres est 40 ;
- en jaune, si la somme des deux nombres est 22 ;
- en vert, si la somme des deux nombres est 53.

(Tu peux utiliser ta calculatrice.)

3 Les parallèles et les perpendiculaires

Retiens bien !

Deux droites parallèles ne se coupent jamais.
Deux droites perpendiculaires se coupent en formant un angle droit.

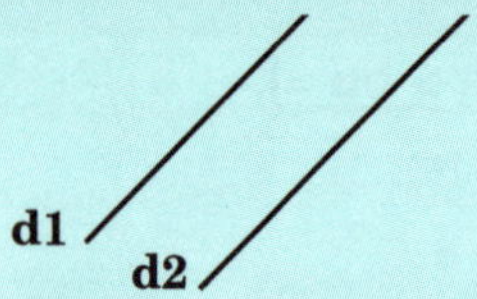

d1 est parallèle à d2.

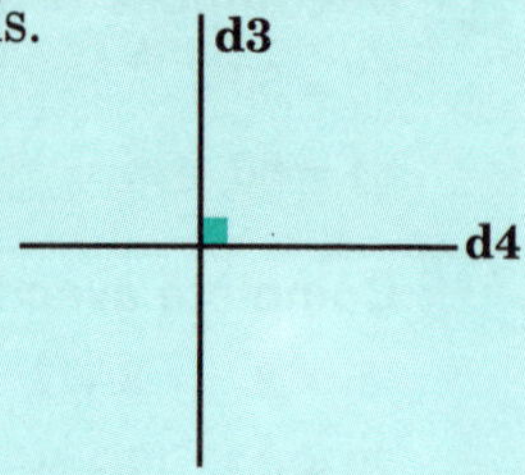

d3 est perpendiculaire à d4.

Entraîne-toi !

1 **Entoure les deux droites qui sont parallèles.**

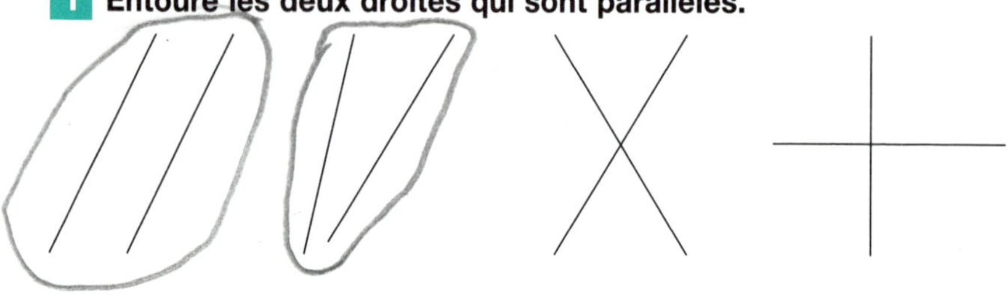

2 **Recouvre en couleur les droites qui sont perpendiculaires.**

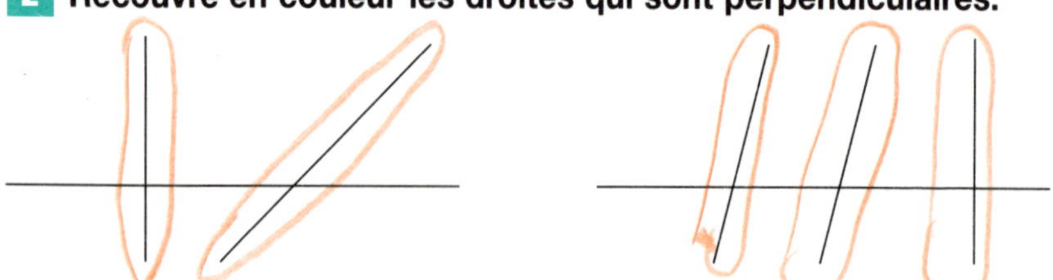

3 **Avec ton équerre, trace deux droites parallèles à d1.**

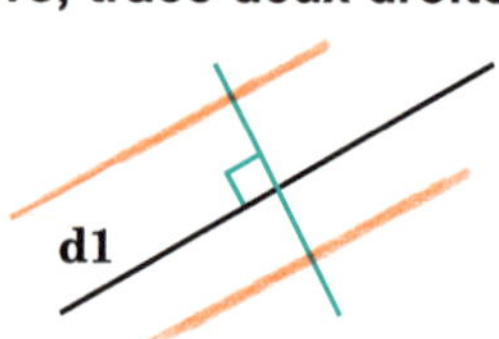

4 **Avec ton équerre, trace deux droites perpendiculaires à d2.**

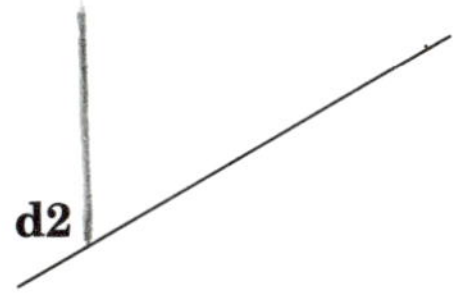

5 **Avec ton équerre, cherche les angles droits. Colorie-les, comme dans l'exemple.**

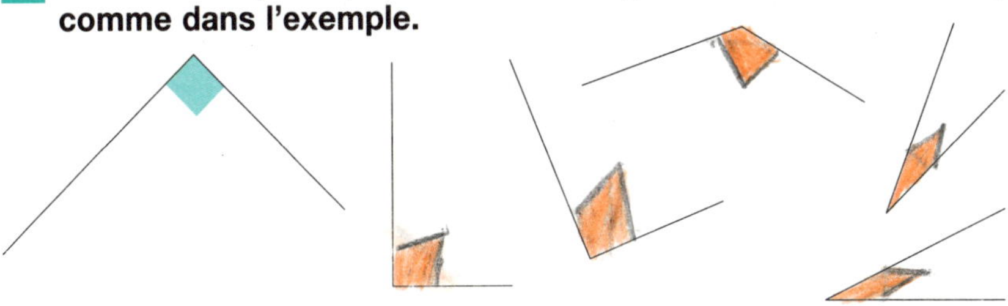

6 **Retrace en rouge sur le tracé noir les parallèles à AB.**
Retrace en vert sur le tracé noir les perpendiculaires à AB.

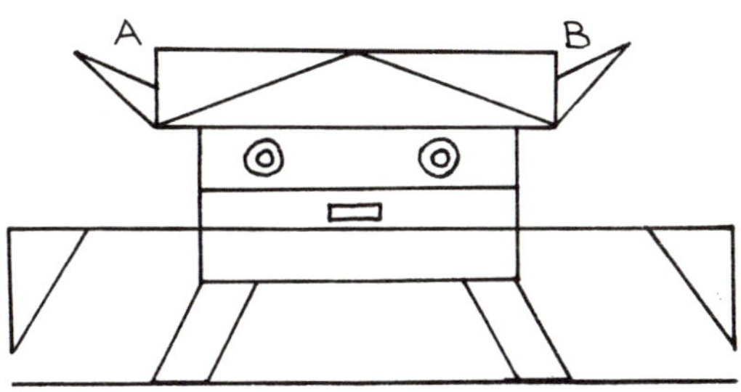

7 **Apprends à tracer deux droites parallèles avec ta règle et ton compas.**

Marque deux points.

Trace deux droites passant par ces points et qui se coupent en O.

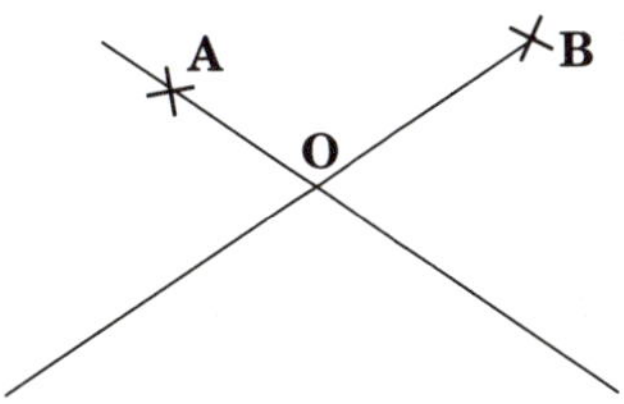

Avec ton compas, reporte les longueurs OA = OE et OB = OD.

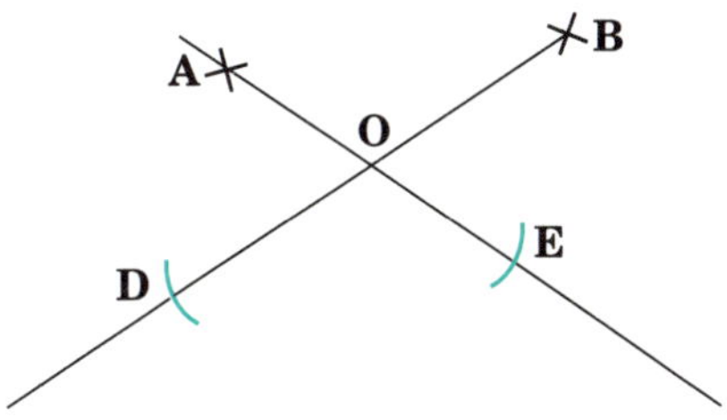

Trace les droites passant par A et D et B et E : elles sont parallèles.

Résous le problème !

Voici « Parallèle », le seul robot qui reste perpendiculaire au sol !

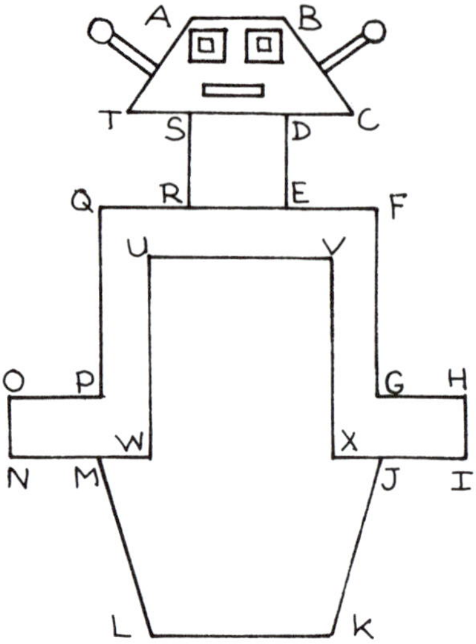

A – Marque tous les angles droits du robot.

B – Quels segments sont parallèles au segment AB ? Écris leurs noms.
Ex. : TC.

C – Quels segments sont perpendiculaires au segment QF ? Écris leurs noms.
Ex. : DE.

D – Complète le tableau en indiquant par une croix si l'affirmation est vraie ou fausse.

	Vrai	Faux
Le segment RQ est parallèle à DE		
Le segment LK est perpendiculaire à KJ		
Le segment GH est parallèle à IJ		
Le segment PQ est perpendiculaire à OP		
Le segment FG est parallèle à UW		

Continue la frise !

Continue en traçant en couleur les segments de droites parallèles.

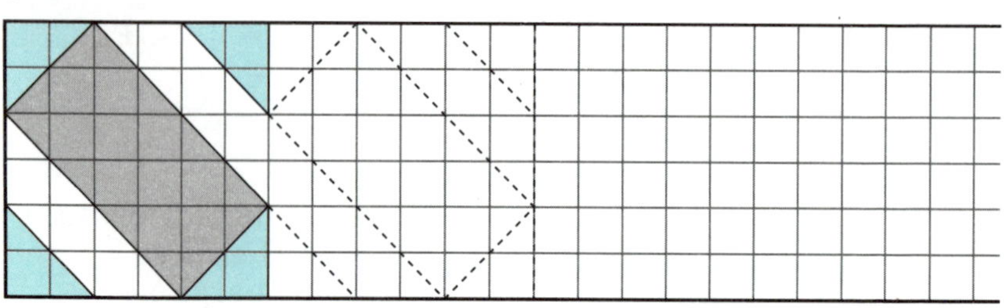

Fais le bilan

Rappel

Pour tracer des droites perpendiculaires, on prend soin d'aligner un des côtés de l'angle droit de l'équerre avec une des droites.

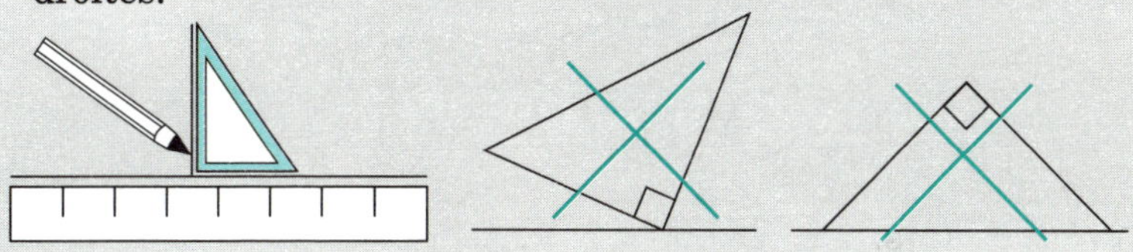

I **Trace deux droites perpendiculaires à d1.**
L'une doit passer par A et l'autre, par B (utilise ton équerre).

/5

II **Avec ta règle et ton compas, trace deux droites parallèles passant par les points C et D.**

/5

Compare tes réponses avec celles des corrigés, p. 108, puis calcule ton score sur 10.

TOTAL
/10

Jeu

Le robot

Oscar se déplace, mais il ne peut tourner qu'à angle droit.
Dans quelle case va-t-il arriver ? Colorie son chemin.

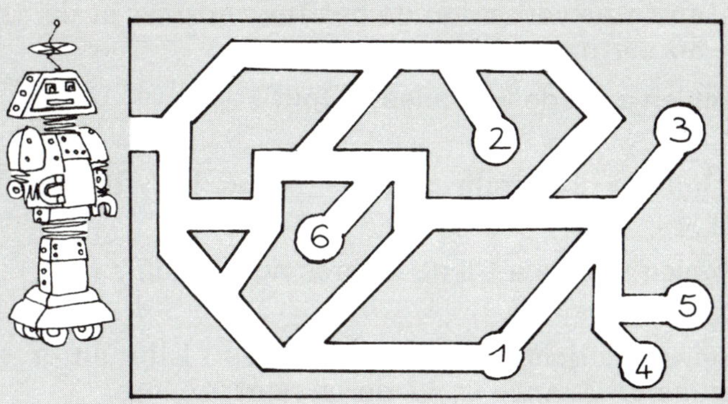

4 L'addition

Retiens bien !

Pour calculer une somme, on fait une addition.

42	→	40 + 2		42
+ 26	→	+ 20 + 6	ou	+ 26
		↓ ↓		↓↓
		60 + 8		68
		↓		
		68		

Entraîne-toi !

1 Joël fait une collection de petites voitures et de camions. Il a 36 voitures et 12 camions.

Combien a-t-il de véhicules <u>en tout</u> ? 36 + 12 = 48

2 Anthony a 23 timbres du Canada. Flavien en a 26 <u>de plus</u> que lui.

Combien Flavien a-t-il de timbres du Canada ? 26 + 23 = 49

3 Vanessa collectionne les poupées. Elle en a 28 des régions de France et 17 de pays étrangers.

Combien a-t-elle de poupées <u>en tout</u> ? 28 + 17 = 45

Réfléchis et complète !

4 Calcule mentalement.

6 + 3 = … 7 + 4 = … 52 + 7 = …

14 + 5 = … 18 + 2 = … 26 + 4 = …

35 + 2 = … 49 + 3 = … 89 + 6 = …

5 Complète rapidement.

5 + … = 10 34 + … = 40 13 + … = 20

28 + … = 30 … + 49 = 50 60 + … = 70

6 Calcule mentalement.

31 + 10 = … 55 + 30 = … 29 + … = 49

83 + 10 = … 47 + 20 = … … + 36 = 66

7 Observe bien l'exemple et, sans poser d'opération, calcule rapidement en effectuant des regroupements.

Ex. : 3 + 5 + 7 + 4 = …

10 + 9 = 19

4 + 8 + 2 + 1 = … 6 + 8 + 4 + 10 = …

9 + 5 + 3 + 5 = … 18 + 7 + 2 + 1 = …

Effectue les opérations !

8 Effectue ces additions.

23	42	36
+ 16	+ 15	+ 52
…	…	…

9 Complète ces additions.

40	54	61
+ …	+ …	+ …
70	86	75

10 Utilise ta calculatrice. Encadre le résultat exact.

33 + 45 : 68 / 78 / 58

54 + 37 : 99 / 94 / 91

76 + 13 : 89 / 85 / 84

69 + 36 : 85 / 115 / 105

Résous le problème !

Candy collectionne les pièces de monnaie.
Elle en a de tous les pays et de toutes les époques.
Pour les compter, elle a fait le tableau suivant :

Pièces de pays d'Europe			Pièces de pays d'Amérique		
France	Italie	Allemagne	États-Unis	Canada	Brésil
30	13	15	12	11	10

A – Combien possède-t-elle de pièces de monnaie de pays d'Europe ? 58

B – Combien a-t-elle de pièces de monnaie de pays d'Amérique ? 33

C – Combien a-t-elle de pièces de monnaie en tout ? 91

Continue la frise !

Trouve des segments de droites parallèles.

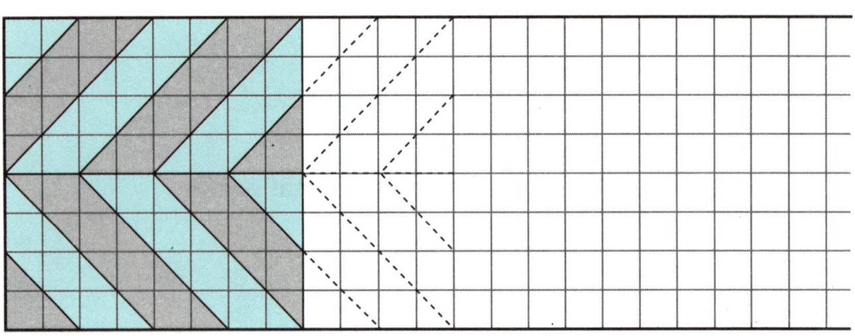

+ = *Fais le bilan* + = + = + =

Rappel

Pour effectuer une addition, on prend soin de bien aligner les chiffres des unités, puis ceux des dizaines.

$$6 + 13 + 17 \rightarrow \begin{array}{r} 6 \\ +\ 13 \\ +\ 17 \\ \hline \end{array}$$

I Complète mentalement.

7 + 3 = 10 26 + 4 = 30 18 + 20 = 38

15 + 5 = 20 8 + 42 = 50 53 + 20 = 73

6 /6

II Effectue ces additions.

32 + 17 = 49 54 + 44 = 98

45 + 23 = 68 60 + 39 = 99

4 /4

Compare tes réponses avec celles des corrigés, p. 109, puis calcule ton score sur 10.

TOTAL 10 /10

Jeu

La collection de Raphaël

Pour savoir ce que Raphaël collectionne, colorie les cases où la somme des deux nombres est égale à 75. (Tu utiliseras ta calculatrice.)

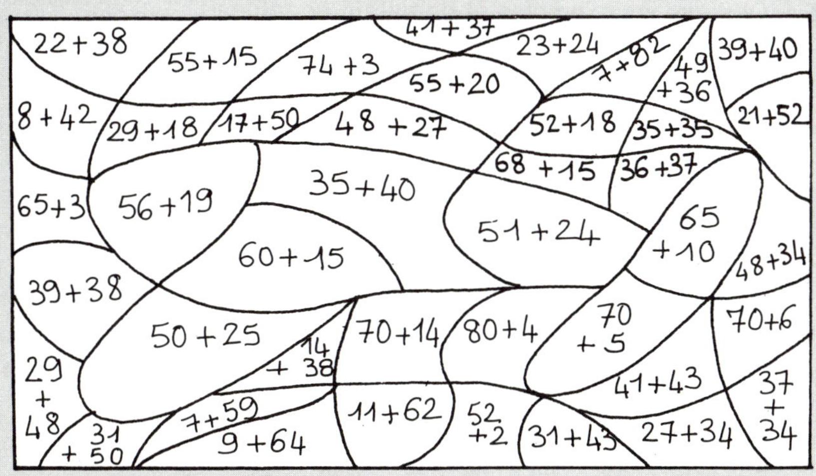

5 Ajouter un nombre

Retiens bien !

Dans ce tableau, le signe —(a 10)→ signifie « ajouter 10 ».
On passe donc du nombre de la première ligne à celui de la seconde ligne en ajoutant 10.

5	8	9	12	20	
15	18	19	22	30	← a 10

Entraîne-toi !

1 Observe les exemples et complète ce tableau.

10	15	20	26	37	49	58	74	
12	17	22	28	39	51	60	76	← a 2

2 Observe les exemples et complète ce tableau.

2	4	6	8	9	10	12	15	
5	7	9	11	12	13	15	18	← a 3
7	9	11	13	14	15	17	20	← a 2

3 Ajoute 5 à chacun des nombres suivants.

12 – 15 – 18 – 22 – 25 – 28 – 32 – 35 – 38.

Réfléchis et complète !

4 **Compte de 5 en 5.**

30 – 35 – 40 – 45 – 50 – 55 – 60 – 65 – 70.

11 – 16 – 21 – 26 – 31 – 36 – 41 – 46 – 51.

5 **Complète.**

a 10

10	20
28	38
43	53
75	85
89	99

a 9

10	19
28	37
43	52
75	84
89	98

6 **Calcule mentalement après avoir bien observé l'exemple.**

Ex. : 27 + 32 = 27 + (30 + 2) = (27 + 30) + 2 = 57 + 2 = 59.

45 + 53 = 98

28 + 66 = 94

34 + 64 = 98

79 + 17 = 96

7 **Calcule le plus vite possible en additionnant et en regroupant comme dans l'exemple.**

Ex. : 17 + 5 + 25 + 3 = 50

20 + 30 = 50

34 + 12 + 6 + 8 = 60

40 + 20 = 60

49 + 28 + 2 + 1 = 80

50 + 30 = 80

Effectue les opérations !

8 **Effectue les additions (sans oublier les retenues).**

36	47	29	66
+ 24	+ 44	+ 53	+ 26
60	91	82	92

9 **Utilise ta calculatrice pour compléter ces additions.**

28	45	37
+ 23	+ 39	+ 56
51	84	93

Résous le problème !

Lydia a 10 ans.

Voici les âges des membres de sa famille :

son papa : 35 ans
sa maman : 32 ans
son frère Éric : 6 ans
sa sœur Muriel : 2 ans
son grand-père Constant : 58 ans
sa grand-mère Louise : 53 ans

A – Quel sera l'âge de chacun des membres de la famille dans 5 ans ?

B – Dans 10 ans, Lydia aura 20 ans. Quel âge auront son papa, sa maman, Éric, Muriel, Constant et Louise ?

Attention ! Pour répondre aux questions, tu peux reproduire et compléter le tableau ci-dessous.

Membre de la famille	L'âge aujourd'hui	L'âge dans 5 ans	L'âge quand Lydia aura 20 ans
Papa	35 ans	40 ans	45 ans
Maman	32	37	42
Éric	6	11	16
Muriel	2	7	12
Grand-père	58	63	68
Grand-mère	53	58	63

Continue la frise !

Trouve 4 angles droits dans ce motif.

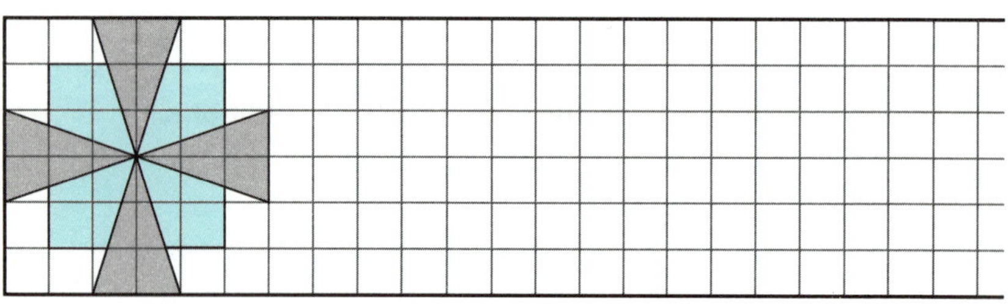

+ = Fais le bilan + = + = + =

Rappel

Pour ajouter rapidement un nombre à un autre, il est souvent utile de chercher le « complément de la dizaine ».

$$35 + 7 \rightarrow 35 + (5 + 2) \rightarrow \underbrace{(35 + 5)}_{40} + 2$$

$$40 + 2 = 42$$

I Complète ce tableau.

9	14	16	20	25	28	33
14	19	21	25	30	33	38

a 5

6 /6

II Additionne mentalement en regroupant.

14 + 6 + 3 + 10 = 33 11 + 7 + 9 + 3 = 30

22 + 5 + 8 + 15 = 50 36 + 16 + 14 + 4 = 70

4 /4

Compare tes réponses avec celles des corrigés, p. 109, puis calcule ton score sur 10.

TOTAL

10/10

Jeu

Le chemin des âges

Mathieu a 12 ans. Son grand-père a 62 ans. Trace le chemin que Mathieu devrait suivre pour arriver à l'âge de son grand-père !

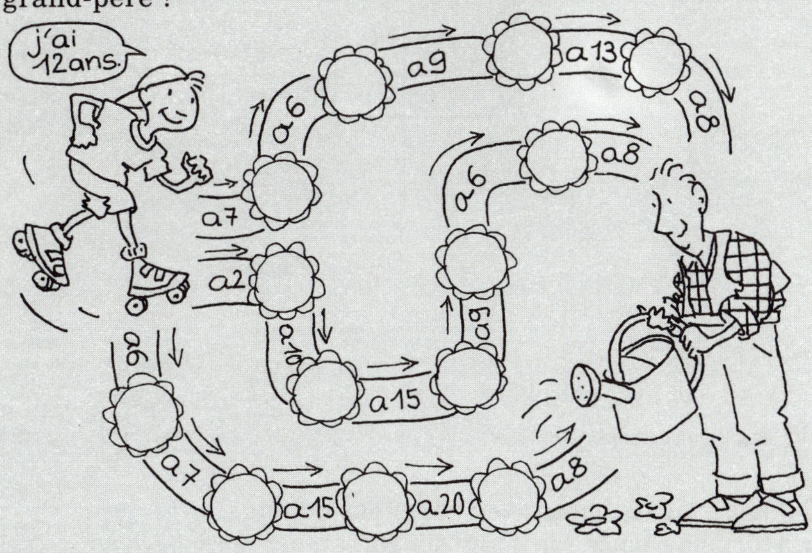

Effectue ces exercices !

1 Range les nombres suivants du plus grand au plus petit.

7 – 35 – 92 – 85 – 16 – 64.

92 > 85 > 64 > 35 > 16 > 7

3 /3

2 Complète selon l'exemple.

	d	u		
57	5	7	→	5 dizaines + 7 unités
48	4	8	→	4d + 8u
36	3	6	→	3d + 6u
68	6	8	→	6d + 8u

6 /6

3 Coralie achète un gâteau à 52 F et une tarte à 27 F.

Combien dépense-t-elle en tout ? 79

3 /3

4 Complète le tableau en mettant une croix dans la bonne colonne.

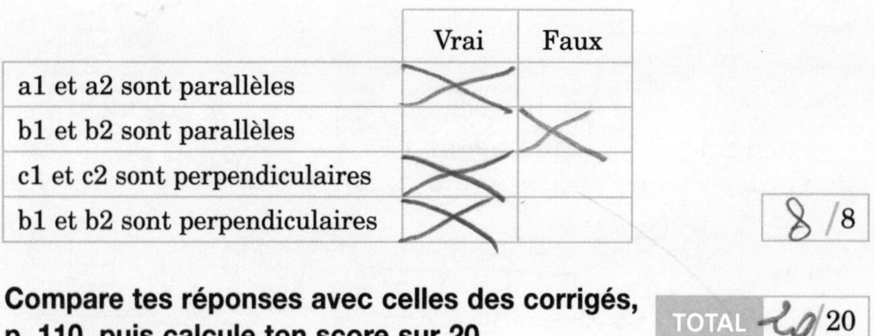

	Vrai	Faux
a1 et a2 sont parallèles	X	
b1 et b2 sont parallèles		X
c1 et c2 sont perpendiculaires	X	
b1 et b2 sont perpendiculaires	X	

8 /8

Compare tes réponses avec celles des corrigés, **p. 110,** **puis calcule ton score sur 20.**

TOTAL 20 /20

Réfléchis et complète !

5 **Calcule mentalement.**

13 + 6 = ... 40 + 15 = ...

38 + 51 = ... 80 + 14 = ... /4

6 **Complète avec le signe qui convient (<, > ou =).**

50 + 6 ... 61 12 + 12 ... 18 + 7

60 + 15 ... 75 25 + 4 ... 20 + 17 /4

7 **Calcule mentalement.**

5 + 7 + 5 + 1 = ... 6 + 4 + 8 + 2 = ...

19 + 10 + 1 + 3 = ... /3

Utilise la calculatrice !

8 **Effectue ces additions.**

29 + 42 = ... 68 + 25 = ... 54 + 37 = ... /3

9 **Complète ces additions.**

51	64	46	33	42	41
+ 28	+ 17	+ 34	+ ...	+ ...	+ ...
...	...	...	75	88	90

/6

Compare tes réponses avec celles des corrigés, p. 110, puis calcule ton score sur 20. TOTAL /20

Jeu

Le carré magique

Trouve les nombres qui manquent pour que, lorsque l'on additionne : les 3 nombres de chaque ligne, ou les 3 nombres de chaque colonne, ou les 3 nombres des deux diagonales, on trouve toujours le même nombre : **18.**

5		3
	6	

6 Les nombres de 0 à 1 000

Retiens bien !

mille	classe des unités simples		
unités	centaines	dizaines	unités
	8	6	5

1 dizaine = 10 unités
1 centaine = 100 unités
1 centaine = 10 dizaines

1 unité de mille = 1 000 unités simples

Entraîne-toi !

1 Observe bien l'exemple et complète.

Ex. : 745 = 700 + 40 + 5
236 = … + … + …
149 = … + … + …
954 = … + … + …

309 = 300 + 9
608 = … + …
102 = … + …
990 = … + …

2 Range ces nombres du plus petit au plus grand.

705 – 650 – 472 – 19 – 750 – 605 – 992.
19 < … < … < … < … < … < …

3 Colorie la case qui convient.

deux cent trente-six	347	236	206
cent cinquante-quatre	745	245	154
six cent trente-deux	632	630	362
neuf cent vingt	209	902	920
quatre cent vingt-cinq	425	405	243

Réfléchis et complète !

4 **Complète.**

Nombre en lettres	Nombre en chiffres
quatre cent vingt-huit	428
huit cent deux	802
six cent cinquante	650
neuf cent quatre-vingt-cinq	985
sept cent soixante dix neuf	779

5 **Complète avec le signe qui convient (< ou >).**

438 < 750 597 > 570 709 < 790

822 > 603 911 < 921 327 > 324

6 **Complète avec le seul nombre qui convienne.**

225 < 226 < 227 798 < 799 < 800

610 < 611 < 612 309 < 310 < 311

7 **Observe l'exemple et décompose les nombres de la même manière.**

Ex. : 354 = 300 + 50 + 4 = (100 × 3) + (10 × 5) + 4.

879 = 800 + 70 + 9 = (100 × 8) + (10 × 7) + 9

650 = 600 + 50 = (100 × 6) + (10 × 5)

708 = 700 + 8 = (100 × 7) + 8

Effectue les opérations !

8 **Effectue ces additions.**

542	625	709	436
+ 216	+ 365	+ 207	+ 475
758	990	916	911

9 **Utilise ta calculatrice pour effectuer ces additions.**

304 + 123 + 16 = 443 7 + 437 + 300 = 744

208 + 29 + 206 = 443 153 + 448 + 394 = 995

Résous le problème !

Voici le tableau de la population de Roseville.

Âge des habitants	Garçons et hommes	Filles et femmes
De 0 à 10 ans	25	32
De 10 à 18 ans	24	29
De 18 à 60 ans	108	112
De 60 à 90 ans	49	56
De plus de 90 ans	3	5

Il y a ainsi 25 « garçons et hommes » de 0 à 10 ans.

A – Combien y a-t-il de garçons et d'hommes, en tout, à Roseville ? 209

B – Combien y a-t-il de filles et de femmes, en tout ? 234

C – Combien Roseville compte-t-il d'habitants, en tout ? 443

D – Combien de personnes ont entre 18 et 60 ans ? 220

Continue la frise !

Compare le nombre de carreaux en couleur et le nombre de carreaux gris.

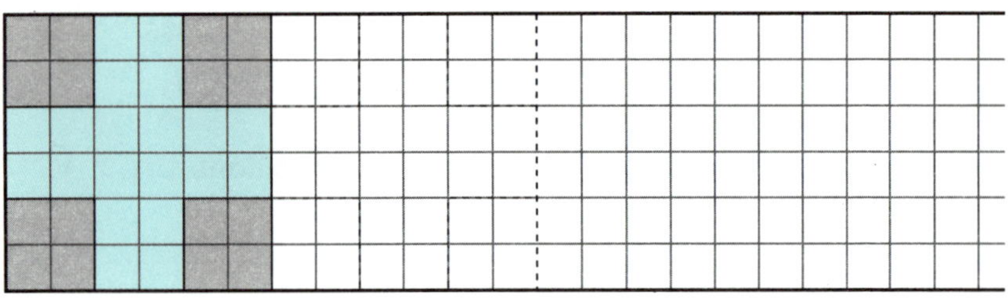

Fais le bilan

Rappel

Pour comparer deux nombres plus petits que 1 000, on compare d'abord les chiffres des centaines.

(3)7 8 et (5)4 3 → (3) < (5) → 378 < 543

S'ils sont égaux, on compare les chiffres des dizaines, puis ceux des unités.

3(7)8 et 3(9)1 → (7) < (9) → 378 < 391

3 7(8) et 3 7(9) → (8) < (9) → 378 < 379

I Complète avec le signe qui convient (< ou >).

522 ... 530 382 ... 364 630 ... 603

750 ... 477 810 ... 820 266 ... 268

6 /6

II Avec ta calculatrice, effectue ces additions.

613 + 325 = ... 201 + 39 + 714 = ...

427 + 564 = ... 147 + 400 + 58 = ...

3 /4

Compare tes réponses avec celles des corrigés, p. 111, puis calcule ton score sur 10.

TOTAL 9 /10

Jeu

Les maisons sans toit

Chaque toit porte le même nombre que la maison correspondante. Choisis la même couleur pour chaque maison et pour son toit. (Tu peux utiliser ta calculatrice mais ce n'est peut-être pas plus facile...)

7 Trouver la différence de deux nombres

Retiens bien !

10 – 8 = 2 8 + 2 = 10

2 est la différence entre 10 et 8.

Entraîne-toi !

1 « Entrez dans la Caverne magique ».
Prix enfant : 15 F.
Prix adulte : 25 F.

Quelle est la différence du prix de l'entrée pour un enfant et un adulte ?

2 « Hier j'ai fait 12 tours de manège », dit Sandrine.
« Moi, je n'en ai fait que 8 », dit Julie.

Combien Sandrine a-t-elle fait de tours de plus que Julie ?

3 Carlos tire à la carabine sur des pipes en terre.

Avant

Après

Combien de pipes a-t-il cassées ?

Il a cassé : … – … = … pipes.

Réfléchis et complète !

4 **Pour compléter ces opérations, retrouve mentalement le nombre.**

7 + … = 12	15 + … = 21
9 + … = 15	26 + … = 30
8 + … = 17	34 + … = 41

5 **Calcule mentalement.**

8 – 4 = …	10 – 3 = …
9 – 6 = …	14 – 4 = …
7 – 2 = …	16 – 9 = …

6 **Complète sans poser d'opérations.**

5 = 6 – 1	7 = 16 – 9
5 = 16 – …	7 = 26 – …
5 = 26 – …	7 = 36 – …
5 = 46 – …	7 = 56 – …

7 **Complète avec le signe qui convient (< ou >).**

17 – 4 … 17 – 2	112 – 8 … 112 – 12
35 – 6 … 35 – 5	234 – 25 … 234 – 30
68 – 9 … 68 – 19	203 – 42 … 203 – 27

Utilise la calculatrice !

8 **Complète ces additions.**

$$\begin{array}{r} 221 \\ + \ \dots \\ \hline 546 \end{array} \qquad \begin{array}{r} 348 \\ + \ \dots \\ \hline 972 \end{array} \qquad \begin{array}{r} 727 \\ + \ \dots \\ \hline 1\,000 \end{array}$$

9 **Complète ces additions.**

$$\begin{array}{r} \dots \\ + \ 302 \\ \hline 913 \end{array} \qquad \begin{array}{r} \dots \\ + \ 264 \\ \hline 892 \end{array} \qquad \begin{array}{r} \dots \\ + \ 285 \\ \hline 987 \end{array} \qquad \begin{array}{r} \dots \\ + \ 421 \\ \hline 909 \end{array}$$

Résous le problème !

Carton de William Carton de Sandra

Au stand de tir, William et Sandra ont tiré sur des cibles avec 5 balles chacun. Voici les cartons qu'ils ont réalisés.

A – Combien de points William a-t-il marqués ?

B – Combien de points Sandra a-t-elle marqués ?

C – Qui a marqué le plus de points ?

D – Quelle est la différence de points entre Sandra et William ?

Continue la frise !

Reproduis ce sapin et colorie.

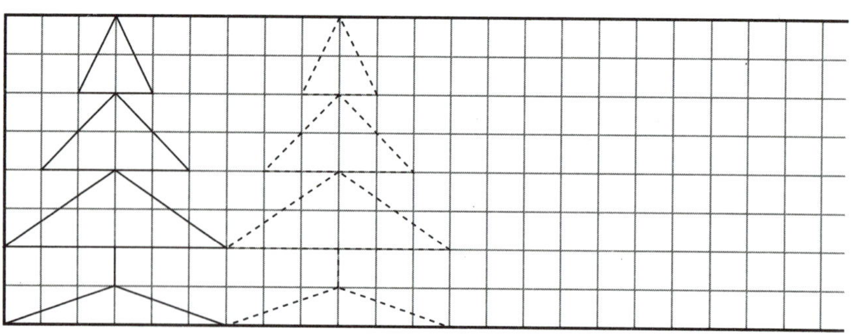

+ = Fais le bilan + = + = + =

Rappel

Lorsque l'on trouve le mot « moins » dans un énoncé, on ne cherche pas obligatoirement la différence de deux nombres.

Ex. : Hervé, âgé de 8 ans, a 4 ans de moins que Luis. Quel est l'âge de Luis ?

Âge de Luis : 8 + 4 = 12 ans.

I Complète mentalement.

8 + … = 14   17 + … = 22

9 + … = 16   36 + … = 40

/4

II Complète avec le signe qui convient (< ou >).

15 – 3 … 15 – 5   42 – 3 … 42 – 6

18 – 6 … 17 – 4   55 – 10 … 65 – 10

/4

III Céline mesure 109 cm ; son frère Sylvain mesure 118 cm.

Quelle est leur différence de taille ?

/2

Compare tes réponses avec celles des corrigés, p. 111, puis calcule ton score sur 10.

TOTAL /10

Jeu

La roue des soustractions

Effectue les opérations. Inscris les nombres qui manquent. (Utilise ta calculatrice).

8 Quelques figures planes

Retiens bien !

Un polygone est une figure plane qui a plusieurs angles et plusieurs côtés.

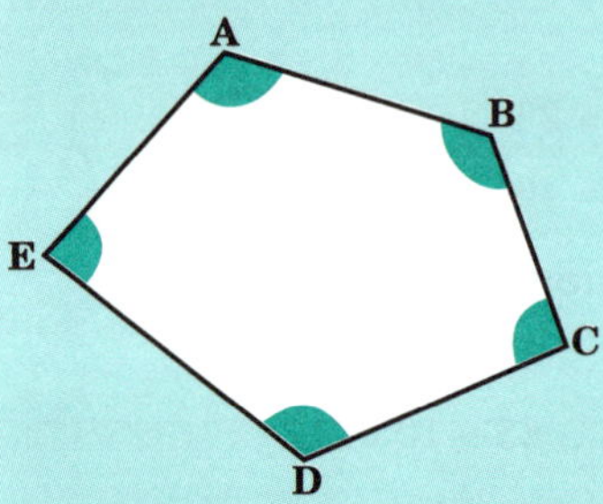

ABCDE est un polygone.
A, B, C, D, E sont les sommets.
AB, BC, CD, DE, EA sont les côtés.

Ce polygone a : 5 sommets, 5 côtés et 5 angles.

Entraîne-toi !

1 Observe les polygones ci-dessous et complète le tableau.

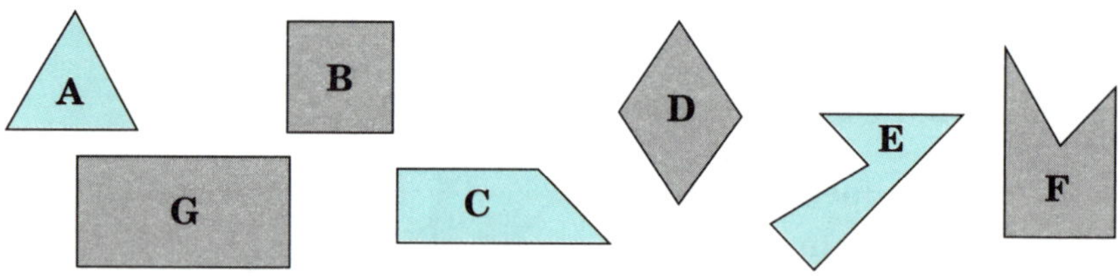

Polygones	A	B	C	D	E	F	G
Nombre de sommets							
Nombre de côtés							
Nombre d'angles droits							

2 Quels sont les polygones ci-dessus qui ont des côtés parallèles ?

3 Quels sont les polygones ci-dessus qui ont des côtés perpendiculaires ?

Utilise les instruments de géométrie !

4 **Avec ton compas, cherche les polygones qui ont 2 côtés de même longueur. (Inscris une croix à l'intérieur.)**

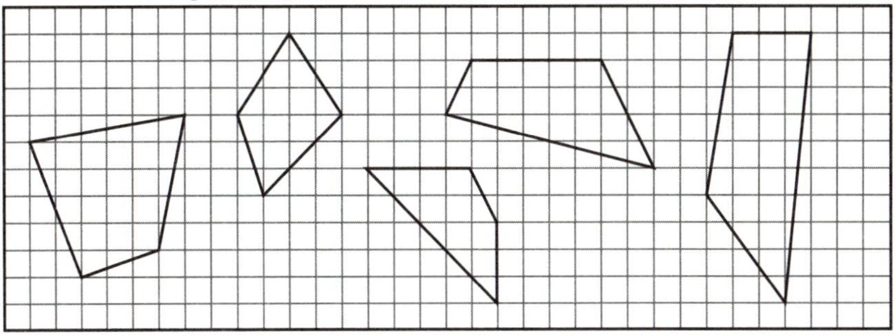

5 **Mets une croix dans les polygones dont tous les côtés sont égaux. (Utilise ton compas.)**

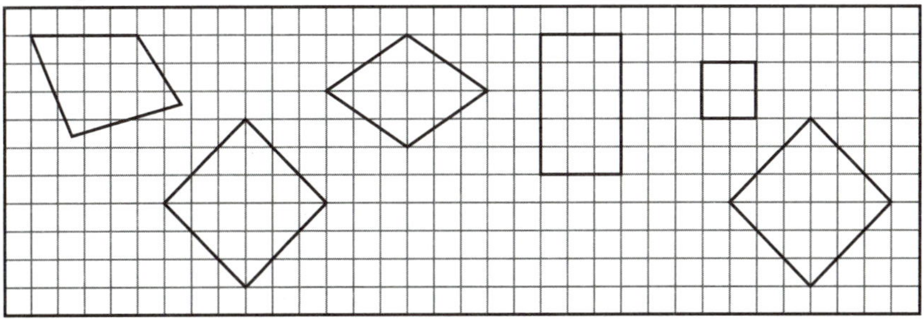

6 **À l'aide du quadrillage, trace un polygone ABCDEF dont les six côtés seront égaux.**

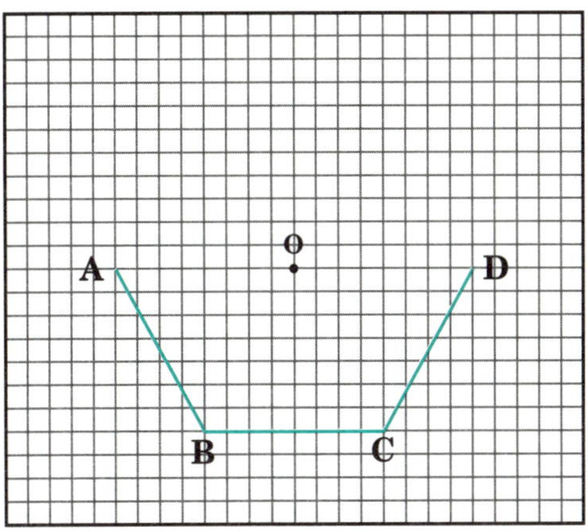

Place maintenant la pointe de ton compas sur le point O et trace un cercle qui passe par le point A.

Que constates-tu ?

Place maintenant la pointe de ton compas sur le point A et trace un cercle qui passe par le point B.

Que constates-tu ?

Pourrais-tu tracer un polygone dont les 6 côtés sont égaux, *avec seulement ta règle et ton compas ?*

Résous le problème !

Facile à faire, cette lanterne chinoise en crêpe de Sumatra !

A – Pour réaliser cette lanterne chinoise en tissu, Romain a utilisé le patron ci-dessous.

Attention ! Les parties en couleur correspondent au tissu, les parties en blanc correspondent aux parties découpées pour laisser passer la lumière !

Combien de polygones en tissu ayant 4 côtés et 4 angles droits doit-il tracer ?

B – Combien de polygones de 4 côtés, sans angles droits, doit-il découper ?

C – Combien doit-il tracer de polygones de 3 côtés ?

D – Combien doit-il découper de polygones de 3 côtés ?

E – Combien doit-il découper de polygones de 6 côtés ?

Continue la frise !

Reproduis cette figure et compte le nombre de ses côtés.

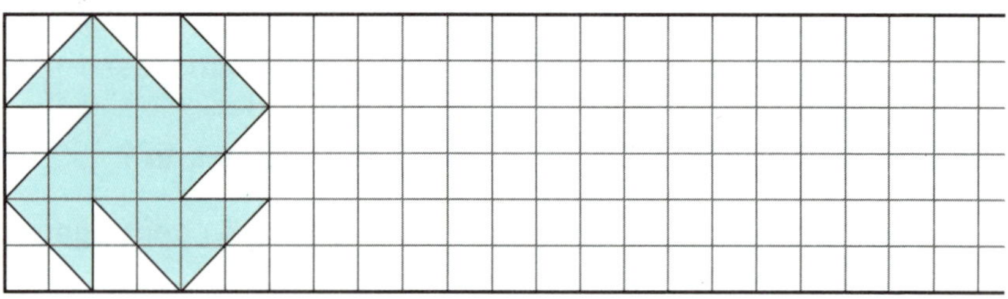

Fais le bilan

Rappel

Dans un polygone, le nombre de côtés est toujours égal au nombre de sommets.

3 côtés 3 sommets	4 côtés 4 sommets	6 côtés 6 sommets

I **Parmi ces polygones, colorie ceux qui ont 4 côtés.**

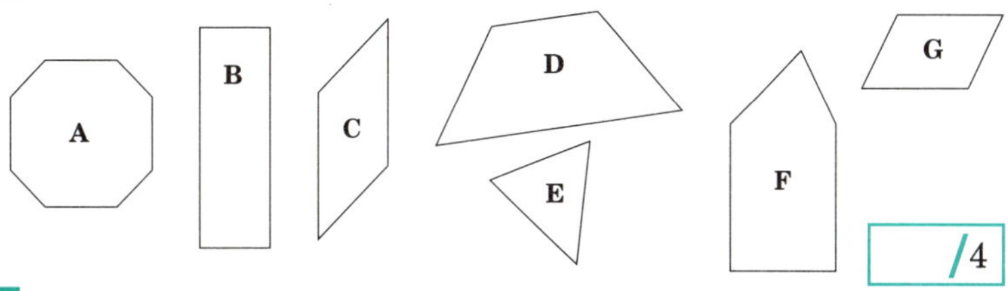

/4

II **Avec ta règle et ton compas, trace un polygone dont les quatre côtés seront égaux.**

/6

Compare tes réponses avec celles des corrigés, p. 112, puis calcule ton score sur 10.

TOTAL /10

Jeu

Le clown de papier

Colorie :
- en rouge les polygones qui ont 3 côtés ;
- en bleu les polygones qui ont 4 côtés égaux ;
- en jaune les polygones qui ont 5 côtés ;
- en orange les autres polygones.

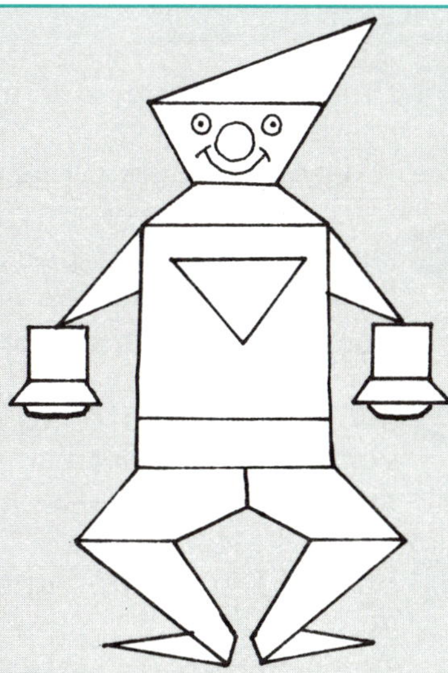

9 La soustraction

Retiens bien !

Pour effectuer une soustraction

a) on retranche le chiffre des unités : $8 - 5 = 3$

b) puis le chiffre des dizaines : $4 - 2 = 2$

$$\begin{array}{r} 48 \\ -\ 25 \\ \hline 23 \end{array}$$

$48 - 25 = 23$

Entraîne-toi !

1 Dans un wagon, il y a 56 passagers. 25 descendent au premier arrêt.

Combien en reste-t-il dans le wagon ?

2 Dans un avion pouvant accueillir 485 voyageurs, 34 places sont libres.

Combien l'avion transporte-t-il effectivement de voyageurs ?

3 906 personnes attendent un bateau. 502 seulement peuvent monter à bord.

Combien de personnes restent sur le quai ?

4 Sur les 130 élèves d'une école, 24 ne partent pas en classe de neige.

Combien d'élèves partent en classe de neige ?

Réfléchis et complète !

5 Calcule mentalement.

31 – 10 = …	217 – 10 = …	56 – 10 = …
28 – 10 = …	345 – 10 = …	873 – 10 = …

6 Calcule mentalement.

520 – 100 = …	771 – 100 = …	109 – 100 = …
462 – 100 = …	136 – 100 = …	985 – 100 = …

7 Observe bien l'exemple et calcule, sans poser d'opérations.

Ex. : 57 – 25 = (57 – 20) – 5 = 37 – 5 = 32

69 – 23 = …	55 – 36 = …	74 – 32 = …
84 – 31 = …	90 – 43 = …	89 – 74 = …

8 Parmi ces soustractions, barre toutes celles qui ne sont pas possibles et effectue les autres.

Ex. : ~~23 – 68~~, car 23 < 68.

84 – 35 = …	318 – 522 = …	762 – 769 = …
39 – 93 = …	631 – 453 = …	36 – 39 = …

Effectue les opérations !

9 Effectue ces soustractions.

57	229	687
– 26	– 15	– 452
. .	. . .	. . .

10 Certaines soustractions sont mal posées ; pose-les correctement avant de les effectuer.

573	668	925	787
– 42	– 57	– 114	– 247
. .	. . .	. . .	. . .

Utilise ta calculatrice !

11 Effectue ces soustractions.

467 – 351 = …   696 – 73 = …

Résous le problème !

Un autobus se rend d'Angers à Saumur : 57 personnes sont à bord.

A – À Brissac, 12 personnes descendent.
Combien reste-t-il de personnes à bord ?

B – À Noyant, 16 personnes descendent.
Combien y a-t-il de personnes pour continuer le voyage ?

C – À Louresse, 5 personnes montent.
Combien y a-t-il maintenant de passagers ?

D – À Doué, 15 personnes descendent ; tous les autres passagers descendront à Saumur.
Combien de personnes se rendent-elles à Saumur ?

Continue la frise !

Sais-tu comment on nomme les polygones en couleur ?

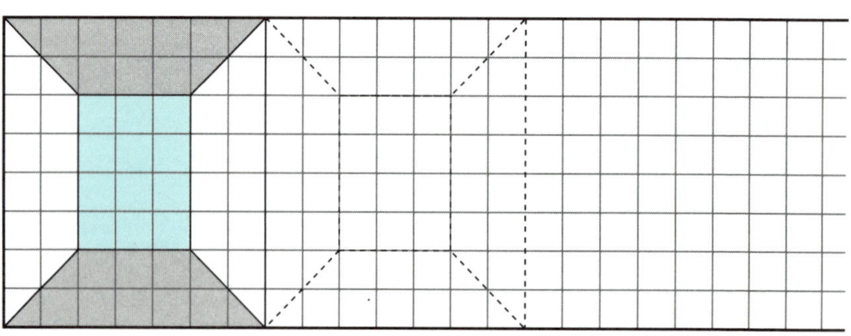

+ = Fais le bilan + = + = + =

Rappel

Avant d'effectuer une soustraction, on vérifie toujours que le second nombre est plus petit que le premier.

458 – 832 est impossible, car 832 > 458.

I Barre les soustractions qui ne sont pas possibles et calcule les autres.

74 – 43 = … 37 – 68 = … 51 – 55 = …

221 – 513 = … 639 – 606 = … 852 – 884 = … /6

II Effectue ces soustractions.

85 – 43 = … 588 – 256 = … 357 – 24 = … /3

III Calcule.

Yann achète un disque à 79 F avec un billet de 100 F. Combien lui reste-t-il après son achat ? /1

Compare tes réponses avec celles des corrigés, p. 113, puis calcule ton score sur 10.

TOTAL /10

Jeu

Le voyage de Cédric

Pour savoir quel moyen de transport a choisi Cédric pour voyager, relie les nombres par ordre croissant après avoir effectué les opérations avec ta calculatrice. Tu partiras de 54.

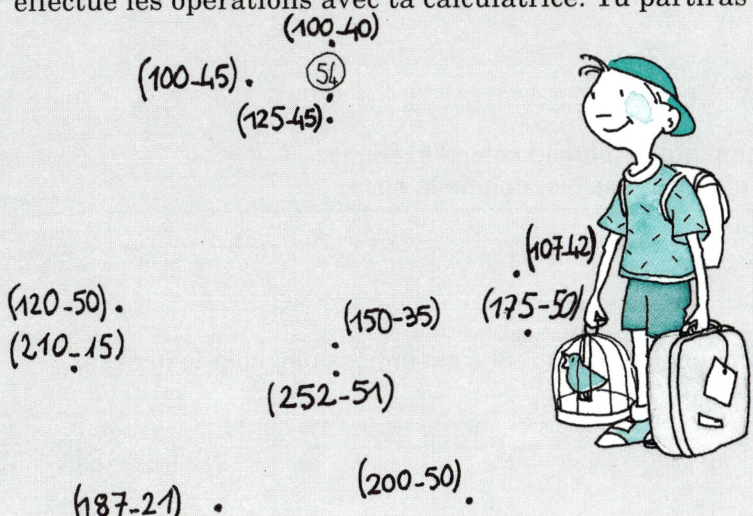

10 Retrancher un nombre

Retiens bien !

15	20	8	30	55	→ r 10
5	10	☒	20	45	←

Dans ce tableau —(r 10)→ signifie « retrancher 10 ».

15 → (15 – 10) → 5

On obtient les nombres de la seconde ligne en retranchant 10 aux nombres de la première ligne.
Attention ! Cela n'est pas toujours possible.
Ex. : (8 – 10) → impossible.

Entraîne-toi !

1 **Complète le tableau selon l'exemple. Si c'est impossible, colorie la case.**

5	8	12	7	3	11	20	1	9	→ r 2
3	6	. .	.	.	.	. .	.	.	←

2 **Complète le tableau. Si c'est impossible, colorie la case.**

12	15	20	13	9	19	17	28	5	→ r 6
6	9	. .	.	.	. .	. .	. .	.	← / → r 4
2	5	. .	.	.	.	.	. .	.	←

Réfléchis et complète !

3 Compte mentalement de 4 en 4.

40 – 36 – 32 – … – … – … – … – 12 – 8.

67 – 63 – … – … – … – … – … – … – 35.

4 Complète sans poser d'opérations.

r 10 → / ← a .

20	…
39	…
45	…

r 9 → / ← a .

20	…
39	…
45	…

5 Complète en calculant mentalement les réponses.

7	…	…	…	…	…
11	…	…	…	…	…
14	18	25	27	32	40

r 4 ; r 3

6 Ce tableau contient 3 erreurs. Corrige-les.

10	12	17	21	27	33
5	8	12	16	20	29

r 5

Utilise la calculatrice !

7 Mélinda a utilisé sa calculatrice pour effectuer ces soustractions. Mais elle est allée un peu vite et sa maman lui a dit qu'elle avait fait deux erreurs.

452 – 238 = 214

718 – 574 = 144

910 – 629 = 881

584 – 253 = 837

607 – 395 = 212

830 – 678 = 152

Essaie de trouver les erreurs sans utiliser ta calculatrice, puis donne les résultats exacts.

Résous le problème !

A – Au moment des soldes, on baisse de 7 F le prix de chaque article. Complète ce tableau en calculant les nouveaux prix après ce rabais.

Articles	Ancien prix	Prix après rabais de 7 F
Lot de serviettes de table	60 F	60 – 7 = 53 F
Nappe	146 F	...
Lot de torchons	89 F	...
Lot de mouchoirs	20 F	...
Taie d'oreiller	52 F	...
Drap	259 F	...

B – Madame Colin achète : un lot de torchons, une taie d'oreiller et un lot de mouchoirs. Combien doit-elle payer ?

C – Elle donne un billet de 200 F. Combien lui rend-on ?

Continue la frise !

Utilise un papier calque pour reproduire ce motif.

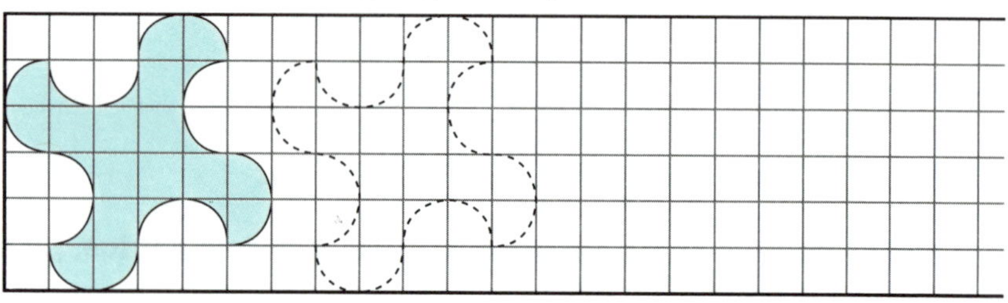

Fais le bilan

Rappel

Pour retrancher rapidement un nombre d'un autre, il est souvent utile de « passer par la dizaine ».

$$45 - 7 \rightarrow 45 - (5 + 2) \rightarrow (45 - 5) - 2$$

$$40 - 2 = 38$$

I Compte mentalement de 7 en 7.

72 – 65 – ... – ... – ... – ... – ... – 23.

/5

II Complète ce tableau.

11	15	23	37	41	58
5	...	...	...	...	...

r 6

/5

Compare tes réponses avec celles des corrigés, p. 114, puis calcule ton score sur 10.

TOTAL

/10

Jeu

Lits en réduction

Pour continuer, trouve la règle. Colorie comme tu le souhaites.

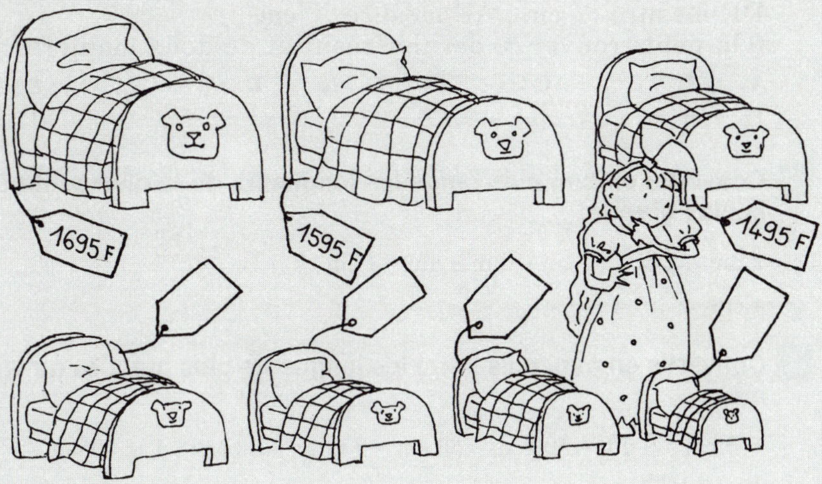

11 Les mesures de longueur

Retiens bien !

L'unité principale de longueur est le mètre (m).

1 mètre =	10	décimètres (dm)	1 m =	10	dm
1 mètre =	100	centimètres (cm)	1 m =	100	cm
1 mètre =	1 000	millimètres (mm)	1 m =	1 000	mm

1 dm = 10 cm = 100 mm

1 cm = 10 mm

Pour mesurer les distances, on utilise le kilomètre.

1 km = 1 000 m.

Entraîne-toi !

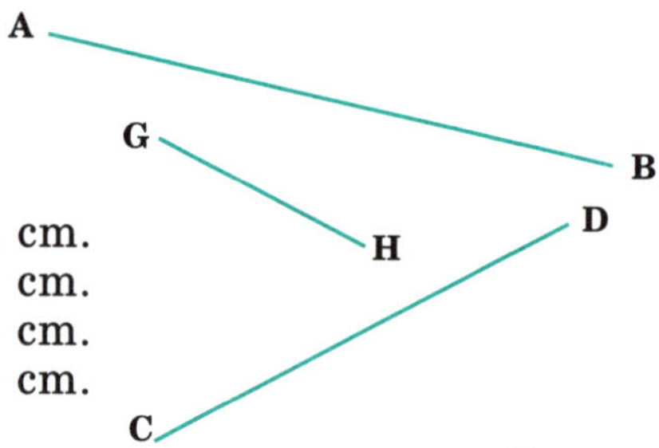

1 Mesure et complète.

Le segment AB mesure … cm.
Le segment CD mesure … cm.
Le segment EF mesure … cm.
Le segment GH mesure … cm.

2 Complète.

AB mesure … cm ; BC mesure … cm ; CD mesure … cm ;
DE mesure … cm ; AE mesure … cm.
(On peut trouver ce dernier résultat de deux manières.)

3 Convertis en cm, puis range les longueurs de la plus petite à la plus grande.

2 dm – 3 m – 95 cm – 2 m 9 dm – 4 cm.

4 cm < … < … < … < …

4 Convertis en mm, puis barre les longueurs plus grandes qu'un mètre.

105 cm – 9 dm – 500 cm – 36 cm – 9 mm – 753 cm – 1 m 59 cm – 42 dm – 73 mm.

Réfléchis et complète !

5 Observe et complète.

Ex. : 2 dm = 20 cm.

3 dm = … cm 5 cm = … mm … dm = 40 cm

6 dm = … cm 9 cm = … mm … cm = 80 mm

6 Observe et complète l'exemple.

Ex. : 6 m = 60 dm = 600 cm.

2 m = … dm = … cm 400 cm = … dm = … m

9 m = … dm = … cm 300 cm = … dm = … m

7 Complète en étant attentif aux unités indiquées.

1 m = 8 dm + … dm 1 m = 94 cm + … cm

1 dm = 3 cm + … cm 1 dm = 20 mm + … mm

1 cm = 9 mm + … mm 1 km = 500 m + … m

8 Entoure la longueur qui te semble convenir.

Longueur d'un ver de terre	15 cm	2 m	40 dm
Longueur d'une couleuvre	100 dm	10 cm	1 m
Longueur d'un serpent python	8 mm	8 m	50 m
Longueur d'une baleine	25 m	12 cm	40 dm

Effectue les opérations !

9 Effectue les additions.

$$\begin{array}{r} 316 \\ +\ 575 \\ \hline \dots \end{array} \qquad \begin{array}{r} 643 \\ +\ 298 \\ \hline \dots \end{array} \qquad \begin{array}{r} 409 \\ +\ 591 \\ \hline \dots \end{array}$$

10 Complète les additions.

$$\begin{array}{r} 227 \\ +\ \dots \\ \hline 648 \end{array} \qquad \begin{array}{r} 530 \\ +\ \dots \\ \hline 859 \end{array} \qquad \begin{array}{r} 333 \\ +\ \dots \\ \hline 999 \end{array}$$

11 Utilise ta calculatrice. Entoure les réponses exactes.

124 + 53 + 702 = 879 / 789

62 + 880 + 109 = 1 501 / 1 051

Résous les problèmes !

I A – Voici la longueur de quelques animaux marins :

le ver lacet : 55 m ; le rorqual bleu : 33 m ;
le requin baleine : 18 m ; le cachalot : 15 m ;
le calmar géant : 17 m ; la grande raie cornue : 8 m.

L'animal le plus long est le ver lacet : 55 m.

Range les animaux du plus grand au plus petit :
Le ver lacet (55 m) > ...

B – Quelle est, en mètres, la différence de longueur entre un rorqual bleu et un cachalot ?

II A – Voici la hauteur, au garrot, d'animaux terrestres :

L'élan de Derby : 1 m 70 cm ;
le koudou : 1 m 30 cm ;
le buffle : 1 m 40 cm ;
le bison d'Europe : 1 m 90 cm ;
le guépard : 80 cm ;
le léopard : 75 cm.

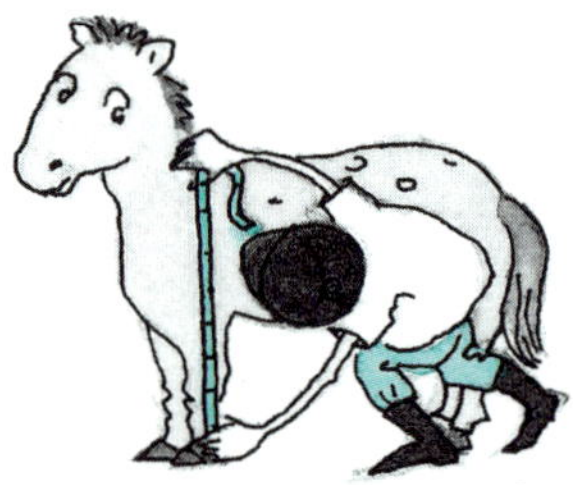

Quels animaux mesurent plus d'un mètre au garrot ?

B – Quel est l'animal le plus petit ?

C – Range ces animaux du plus petit au plus grand.

Continue la frise !

Avec ton équerre, trouve des angles droits.

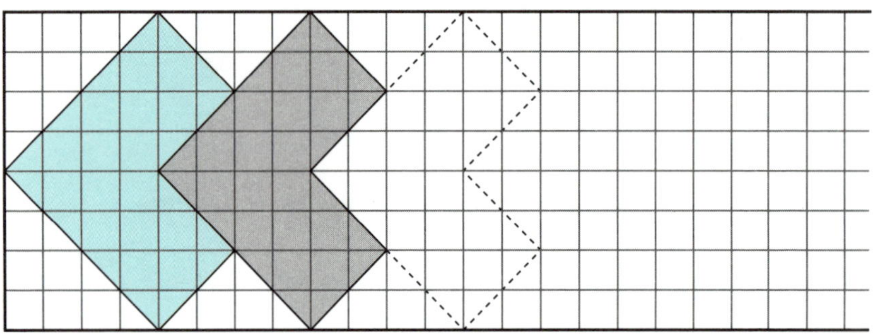

Fais le bilan

Rappel

Pour mesurer la longueur d'un segment, on place le 0 du double décimètre sur un des points et on lit la mesure de la longueur en face de l'autre point.

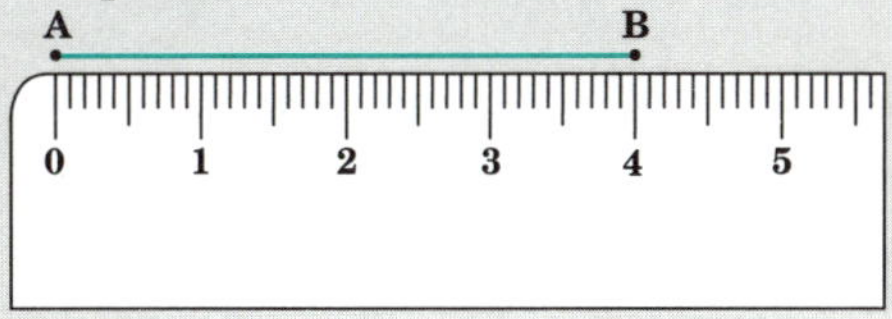

AB mesure 4 cm.

I Mesure les côtés de ce polygone :

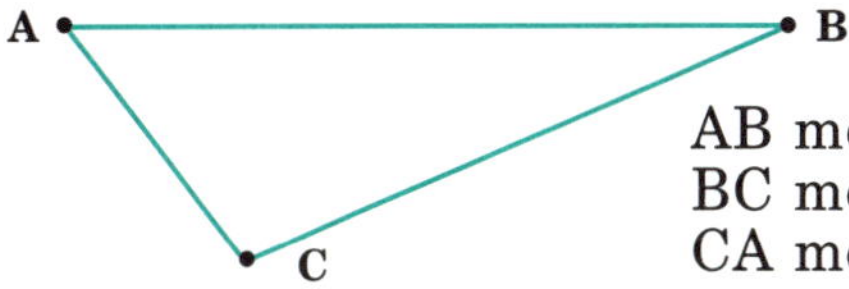

AB mesure ... cm.
BC mesure ... cm.
CA mesure ... cm.

/3

II Trace trois segments de 2 cm, 5 cm et 8 cm.

/3

III Complète.

3 m = ... dm = ... cm

600 cm = ... dm = ... m

/4

Compare tes réponses avec celles des corrigés, p. 115, puis calcule ton score sur 10.

TOTAL /10

Jeu

Poisson en danger !

Le poisson évitera les filets des pêcheurs en passant par les cases où la mesure est plus petite que 1 m. Trace le trajet qu'il doit suivre.

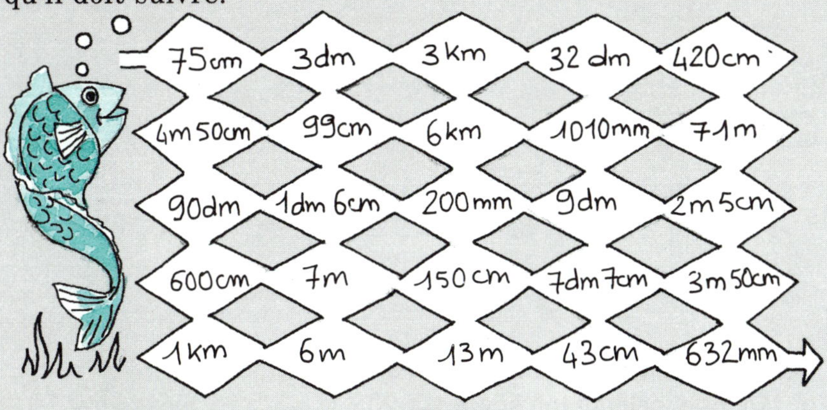

Effectue ces exercices !

1 Compare les nombres en complétant avec les signes < ou >.

850 ... 749 908 ... 809 717 ... 688

635 ... 472 282 ... 301 186 ... 168

/6

2 Éric a 52 ans de moins que son grand-père. Celui-ci a 55 ans.

Quel est l'âge d'Éric ?

/2

3 Estelle a 72 F dans sa tirelire.

Combien lui manque-t-il pour acheter une poupée valant 156 F ?

/2

4 Mesure chaque segment et complète le tableau.

Segments	Mesures
AB	...
BC	...
CD	...
DE	...
ED	...

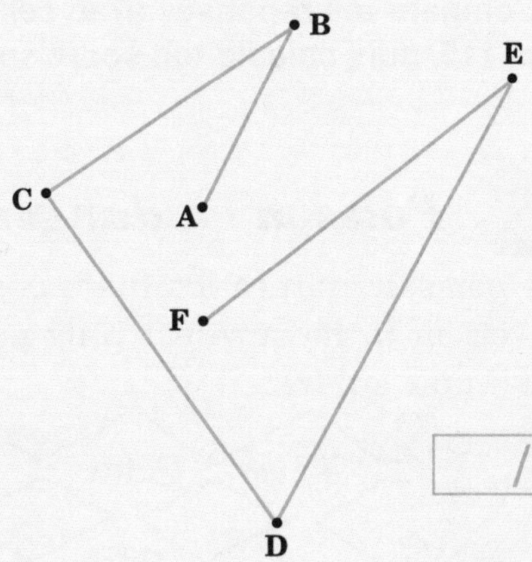

/5

5 Complète.

26	30	14	40	50
...	...	...	...	...

r 6

/5

Compare tes réponses avec celles des corrigés, p. 115, puis calcule ton score sur 20.

TOTAL /20

Réfléchis et complète !

6 Complète mentalement.

8 + … = 14 17 + … = 22 9 + … = 16 25 + … = 33 /4

7 Calcule mentalement.

36 – 10 = … 423 – 100 = …

71 – 10 = … 655 – 100 = … /4

8 Complète.

4 dm = … cm 8 cm = … mm

… dm = 50 cm … cm = 30 mm /4

9 Pose et effectue les additions suivantes.

321 + 585 = … 205 + 496 = … 642 + 79 = … /3

Utilise la calculatrice !

10 Utilise ta calculatrice pour effectuer ces opérations.

112	221			
+ 77	+ 208	748	831	312
+ 350	+ 73	– 327	– 524	– 85
…	..	…	…	…

/5

Compare tes réponses avec celles des corrigés, p. 115, puis calcule ton score sur 20. TOTAL /20

Jeu

La route des maisons

Continue et complète. Colorie comme tu le souhaites.

12 Les nombres de 0 à 2 000

Retiens bien !

unités de mille	centaines	dizaines	unités
1	4	6	5

mille quatre cent soixante – cinq

Entraîne-toi !

1 Écris en chiffres les nombres suivants.

mille deux cent trente-cinq → …
mille quatre cent cinquante → …
mille neuf cent quatre-vingt-dix-neuf → …
mille soixante-dix → …

2 Range les nombres suivants du plus petit au plus grand.

1 052 – 1 999 – 1 832 – 1 500 – 792 – 24 – 1 630.

24 < … < … < … < … < … < …

3 Observe bien l'exemple et complète ce tableau.

Nombre qui vient juste avant	Nombre donné	Nombre qui vient juste après
1 249	1 250	1 251
…	1 614	…
…	1 900	…
…	1 199	…
…	1 719	…

Réfléchis et complète !

4 Observe bien l'exemple et complète.

Ex. : 1 000 + 500 + 60 + 3 = 1 563.

1 000 + 700 + 50 + 7 = ... 1 000 + 600 + 20 = ...

1 000 + 100 + 80 + 1 = ... 1 000 + 40 + 4 = ...

1 000 + 900 + 90 + 9 = ... 1 000 + 300 + 2 = ...

5 Complète mentalement.

2 000 = 1 000 + ... 2 000 = 300 + ...

2 000 = 1 500 + ... 2 000 = 900 + ...

2 000 = 1 200 + ... 2 000 = 400 + ...

6 Complète avec le signe qui convient (<, > ou =).

1 300 + 100 ... 1 500 – 100 1 500 + 200 ... 1 800 – 200

1 000 + 900 ... 2 000 – 300 1 200 + 300 ... 1 900 – 400

7 Observe bien et complète.

Ex. : 1 542 = 1 000 + 500 + 40 + 2.

1 310 = ... + ... + .. 1 203 = ... + .. + .

1 902 = ... + ... + . 1 080 = ... + ..

1 111 = ... + ... + .. + . 1 013 = ... + .. + .

1 675 = ... + ... + .. + . 1 800 = ... + ...

Effectue les opérations !

8 En effectuant cette opération, Cécile a fait une erreur. Regarde bien le résultat et essaie de trouver pourquoi elle s'est trompée.

259 – 111 = 248

9 Effectue les additions suivantes.

931	748	664
+ 1 069	+ 1 243	+ 1 237
. . . .	. . . .	. . . .

10 Effectue les soustractions suivantes.

1 897	1 721	2 000
– 1 456	– 1 619	– 1 528
. . . .	. . . .	. . . .

Résous le problème !

Voici l'altitude de quelques montagnes de France.

Le Crêt de la Neige	: 1 723 m	La Dent du Chat	: 1 497 m
Le Mont Pilat	: 1 434 m	Le Puy de Sancy	: 1 886 m
Le Ballon d'Alsace	: 1 250 m	Le Mont Mézenc	: 1 754 m
Le Donon	: 1 008 m	Le Pic de Nore	: 1 210 m

A – Range-les en commençant par la plus haute.

B – Quelle est la différence de hauteur entre :
Le Crêt de la Neige et le Donon ?
Le Puy de Sancy et le Pic de Nore ?

C – De combien de mètres la Dent du Chat est-elle plus haute que le Mont Pilat ?

D – Un chalet est bâti à 219 m du sommet du Crêt de la Neige.

À quelle altitude se trouve ce chalet ?

Continue la frise !

Combien y a-t-il de côtés dans un motif ?

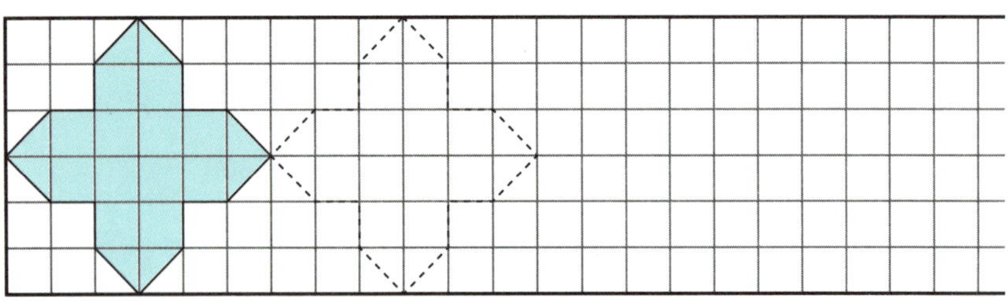

+ = Fais le bilan + = + = + =

Rappel

Pour bien écrire un nombre plus grand que 1 000, on groupe les chiffres par 3 en partant de la droite et on laisse un espace :

1 345 1 600

I Complète.

Nombre en lettres	Nombre en chiffres
mille cinq cent trente-deux	…
mille huit cent cinq	…
mille sept cent quatre-vingt-neuf	…
…	1 848

/4

II Complète avec le signe qui convient (< ou >).

1 825 … 1 515 1 429 … 1 453 1 914 … 1 918

1 348 … 1 438 1 606 … 1 066 1 789 … 1 879

/6

Compare tes réponses avec celles des corrigés, p. 116, puis calcule ton score sur 10.

TOTAL /10

Jeu

La montagne des nombres

Relie les nombres par un trait, du plus petit au plus grand, en commençant par 34. Colorie.

13 Trouver le produit de deux nombres

Retiens bien !

$6 + 6 + 6 = 18$: une somme

$\underbrace{6 + 6 + 6}$ ↓ 3 fois 6 → $6 \times 3 = 18$: un produit

$$6 + 6 + 6 = 6 \times 3 = 18$$

Entraîne-toi !

1 **Trace le quadrillage dont le nombre de carreaux correspond à ces produits.**

4×2 5×3 2×2 8×3 7×6

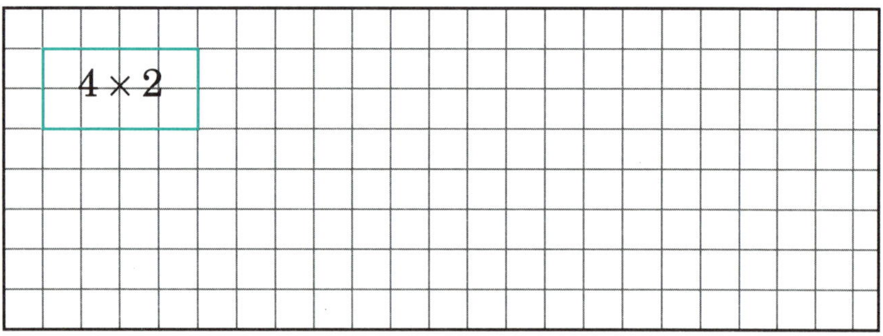

2 **Écris le nombre de bonbons, sous la forme d'une somme, puis sous la forme d'un produit.**

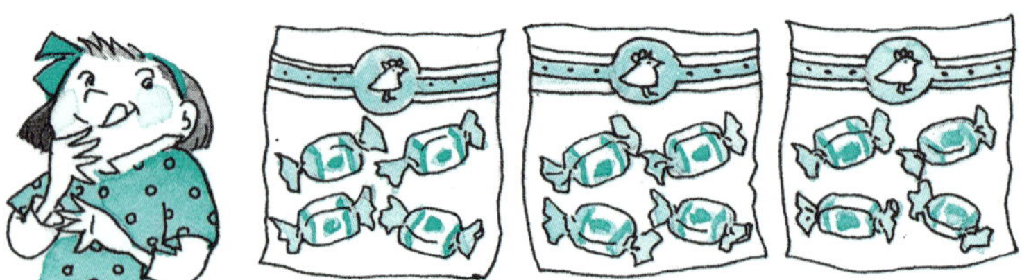

Réfléchis et complète !

3 **Recopie et complète selon l'exemple.**

Ex. : $4 + 4 + 4 = 4 \times 3 = 12$.

$7 + 7 + 7 + 7 + 7 = 7 \times \ldots = \ldots$

$3 + 3 + 3 + 3 + 3 + 3 = \ldots \times \ldots = \ldots$

$5 + 5 + 5 + 5 = \ldots \times \ldots = \ldots$

4 **Observe l'exemple et complète.**

Ex. : $2 \times 4 = 2 + 2 + 2 + 2 = 8$.

$4 \times 2 = \ldots = \ldots$ $6 \times 5 = \ldots = \ldots$

$10 \times 3 = \ldots = \ldots$ $8 \times 3 = \ldots = \ldots$

5 **Effectue mentalement en ligne.**

$2 \times 3 = \ldots$ $5 \times 3 = \ldots$ $4 \times 3 = \ldots$

$4 \times 2 = \ldots$ $4 \times 4 = \ldots$ $2 \times 7 = \ldots$

$2 \times 6 = \ldots$ $3 \times 6 = \ldots$ $3 \times 0 = \ldots$

6 **Complète.**

Ex. : $5 \times 2 = 2 \times 5$.

$4 \times 5 = 5 \times .$ $8 \times 3 = . \times 8$ $1 \times 4 = 4 \times .$

$3 \times 7 = 7 \times .$ $2 \times 9 = . \times 2$ $3 \times 3 = 3 \times .$

7 **Complète avec le signe qui convient (<, > ou =).**

$3 \times 5 \ldots 4 \times 4$ $5 \times 5 \ldots 4 \times 7$

$6 \times 3 \ldots 6 \times 0$ $6 \times 2 \ldots 4 \times 3$

8 **Complète avec le signe qui convient (<, > ou =).**

$8 \times 2 \ldots 7 + 7$ $19 - 5 \ldots 4 \times 4$

$12 + 3 \ldots 5 \times 3$ $3 \times 9 \ldots 21 + 6$

9 **Observe bien l'exemple et complète.**

Ex. : $11 + 11 + 11 + 13 = (11 \times 3) + 13 = 46$

$7 + 7 + 7 + 7 + 7 + 9 = \ldots$ $8 + 8 + 8 + 8 + 8 + 15 = \ldots$

$14 + 14 + 14 + 14 + 15 = \ldots$ $6 + 7 + 6 + 6 + 6 = \ldots$

Résous le problème !

Chocolats Merveille :
6 rangées
de 8 carrés

Chocolats Délice :
8 rangées
de 7 carrés

Chocolats Plaisir :
7 rangées
de 7 carrés

A – Combien y a-t-il de carrés dans la tablette Merveille ?

B – Combien y a-t-il de carrés dans la tablette Délice ?

C – Combien y a-t-il de carrés dans la tablette Plaisir ?

D – Nicky, la petite souris, est très gourmande. Quelle tablette va-t-elle certainement préférer ?

Continue la frise !

Quand tu auras terminé la frise, essaie de calculer rapidement le nombre de carreaux de couleur.

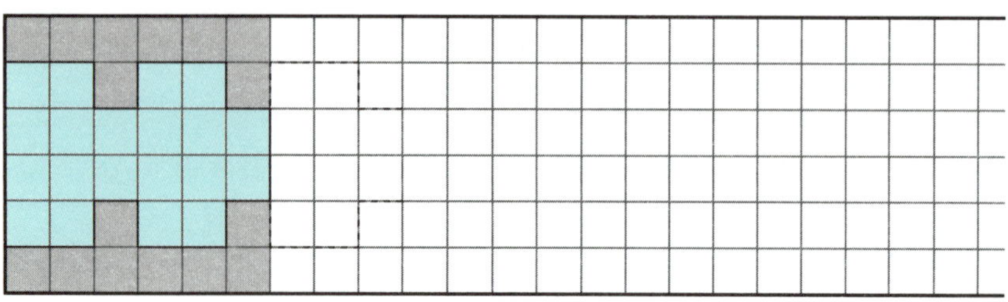

Fais le bilan

Rappel

Pour effectuer le produit de deux nombres, on peut changer l'ordre des termes :

$$6 \times 8 = 8 \times 6 = 48$$

I Complète.

$6 + 6 + 6 + 6 = 6 \times ... = ...$ $10 \times 5 = 10 + ... = ...$

$9 + 9 + 9 = 9 \times ... = ...$ $7 \times 4 = 7 + ... = ...$

/4

II Complète avec le signe qui convient (<, > ou =).

$3 \times 4 ... 5 \times 2$ $8 \times 7 ... 9 \times 6$

$10 \times 4 ... 5 \times 8$ $6 \times 3 ... 2 \times 9$

$6 \times 5 ... 8 \times 4$ $7 \times 5 ... 9 \times 4$

/6

Compare tes réponses avec celles des corrigés, p. 117, puis calcule ton score sur 10.

TOTAL /10

Jeu

Le gâteau multicolore

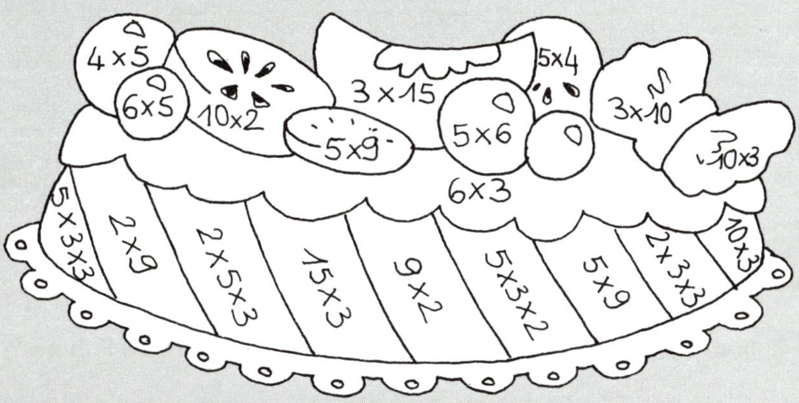

Effectue tous les calculs mentalement et colorie :

– en rose les zones où le nombre est égal à 18 ;
– en rouge les zones où le nombre est égal à 30 ;
– en jaune les zones où le nombre est égal à 45 ;
– en vert clair les zones où le nombre est égal à 20.

14 La multiplication

Retiens bien !

Un livre coûte 24 F.
12 livres coûtent 288 F.
$24 \times 12 = 288$

$24 \times 12 = (24 \times 10) + (24 \times 2)$

$$\begin{array}{r} 24 \\ \times\, 12 \\ \hline 48 \\ +\,240 \\ \hline 288 \end{array}$$

Entraîne-toi !

1 **Quel est le prix de trois bandes dessinées valant 33 F l'une ?**

2 **Quel est le prix de cinq revues à 25 F pièce ?**

3 **Combien coûtent 12 albums à 37 F l'un ?**

4 Papa achète chaque semaine un programme TV valant 9 F.
Combien dépense-t-il en un an pour l'achat de ses programmes ?

Réfléchis et complète !

5 **Effectue mentalement.**

$6 \times 3 = ...$ $7 \times 4 = ...$ $8 \times 6 = ...$

$7 \times 8 = ...$ $8 \times 9 = ...$ $9 \times 6 = ...$

6 **Observe bien l'exemple et calcule mentalement.**

Ex. : $12 \times 10 = 120$.

$15 \times 10 = ...$ $27 \times 10 = ...$ $51 \times 10 = ...$

$98 \times 10 = ...$ $80 \times 10 = ...$ $103 \times 10 = ...$

7 **Effectue mentalement.**

$30 \times 3 = ...$ $50 \times 7 = ...$ $40 \times 8 = ...$

$70 \times 9 = ...$ $90 \times 7 = ...$ $110 \times 6 = ...$

8 **Calcule mentalement.**

$(2 + 4) \times 5 = ...$ $(9 - 3) \times 4 = ...$ $(1 + 8) \times 9 = ...$

$(6 + 2) \times 7 = ...$ $(12 - 8) \times 6 = ...$ $(15 - 8) \times 5 = ...$

Utilise la calculatrice !

9 **Effectue les opérations suivantes.**

$$\begin{array}{r} 31 \\ \times\ 5 \\ \hline ... \end{array} \qquad \begin{array}{r} 72 \\ \times\ 3 \\ \hline ... \end{array} \qquad \begin{array}{r} 56 \\ \times\ 7 \\ \hline ... \end{array} \qquad \begin{array}{r} 94 \\ \times\ 8 \\ \hline ... \end{array}$$

10 **Complète les opérations suivantes. (Chaque chiffre manquant est représenté par un point.)**

$$\begin{array}{r} 24 \\ \times\ . \\ \hline 72 \end{array} \qquad \begin{array}{r} 4\,. \\ \times\ 6 \\ \hline 252 \end{array} \qquad \begin{array}{r} 3\,. \\ \times\ 7 \\ \hline 2\,.\,5 \end{array}$$

11 **Effectue ces opérations.**

$123 \times 16 = ...$ $258 \times 7 = ...$ $78 \times 23 = ...$

Résous le problème !

Pour la bibliothèque de l'école, les parents d'élèves ont acheté :
– 12 livres à 56 F l'un,
– 15 albums à 35 F pièce,
– 10 revues valant 24 F l'une,
– 3 dictionnaires valant 87 F l'un.

A – Quel est le prix des 12 livres ?

B – Quel est le prix des 15 albums ?

C – Combien valent les 10 revues ?

D – Combien valent les 3 dictionnaires ?

E – Combien les parents d'élèves ont-ils dépensé, en tout, pour la bibliothèque de l'école ?

Continue la frise !

Combien y a-t-il de petits carrés dans un grand T en couleur ? Dans cinq T en couleur ?

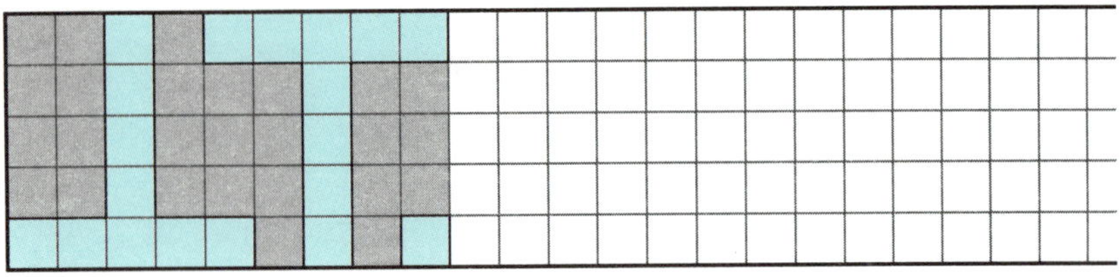

Fais le bilan

Rappel

Lorsque l'on effectue une multiplication, on place le plus petit nombre au multiplicateur et on aligne les chiffres.

$8 \times 27 \rightarrow \begin{array}{r} 27 \\ \times 8 \\ \hline \end{array}$ $\qquad$ $14 \times 813 \rightarrow \begin{array}{r} 813 \\ \times 14 \\ \hline \end{array}$

I **Effectue mentalement.**

$151 \times 10 = \ldots$ $\qquad$ $110 \times 10 = \ldots$ $\qquad$ $17 \times 100 = \ldots$ $\qquad$ /3

II **Utilise ta calculatrice pour effectuer ces opérations.**

$47 \times 6 = \ldots$ $\qquad$ $261 \times 7 = \ldots$ $\qquad$ $445 \times 5 = \ldots$ $\qquad$ /3

III Un magazine coûte 25 F. Le marchand de journaux en vend 15 le lundi et 23 le mardi.
Combien a-t-il encaissé le lundi ? le mardi ? $\qquad$ /4

Compare tes réponses avec celles des corrigés, p. 118, puis calcule ton score sur 10. $\qquad$ TOTAL /10

Jeu

Le livre perdu

Pour retrouver son livre, Thomas doit suivre le chemin des cases où le nombre est égal à 126. Trace son chemin. Quel est le titre de son livre ? (Utilise ta calculatrice.)

15 Le carré, le rectangle et le triangle

Retiens bien !

Un polygone qui a seulement 4 côtés est un quadrilatère.

Le carré :
4 côtés égaux,
4 angles droits.

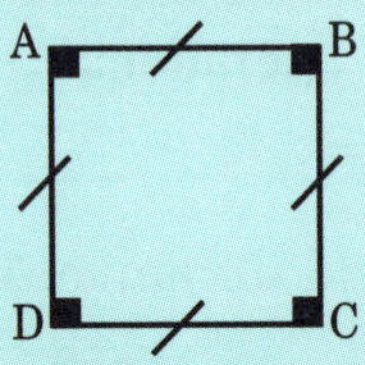

AB = BC = CD = DA

Le rectangle :
4 côtés égaux 2 à 2,
4 angles droits.

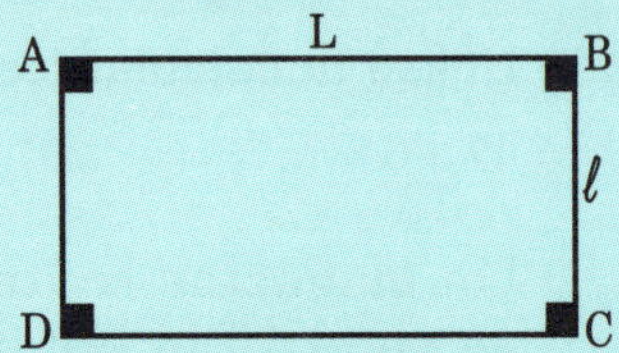

AB = DC
AD = BC

Le triangle :
3 côtés et 3 angles.

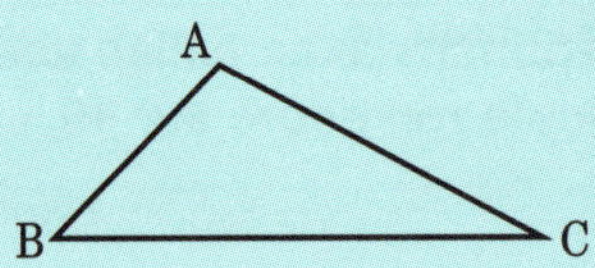

Entraîne-toi !

1 **Quelle figure géométrique est représentée par le drapeau de l'Harmonie municipale ? par celui de l'Amicale Victor-Hugo ? par celui du Club de judo ?**

2 **Trace des carrés dont les côtés mesurent : 6 cm ; 3 cm ; 4 cm.**

3 **Sur ton cahier, trace les rectangles (A, B, C et D) selon les indications suivantes :**

	A	B	C	D
Longueur en cm (L)	5	8	7	6
Largeur en cm (l)	2	3	5	3

Réfléchis et complète !

4 **Complète le tableau.**

Périmètre du carré = côté × 4

Côté du carré en cm	10	12	21	42	25	36
Périmètre en cm	…	…	…	…	…	…

5 **Complète le tableau.**

Périmètre du rectangle = (Longueur + largeur) × 2

Longueur en m	Largeur en m	1/2 périmètre en m	Périmètre en m
10	5	…	…
12	8	…	…
23	9	…	…

6 **Complète le tableau.**

Périmètre du triangle = côté 1 + côté 2 + côté 3

Côté 1 en dm	Côté 2 en dm	Côté 3 en dm	Périmètre en dm
10	12	14	…
15	20	15	…
14	16	18	…

Utilise les instruments de géométrie !

7 **Avec ta règle, ton double décimètre et ton compas, trace un triangle dont les côtés mesurent : 5 cm – 4 cm – 3 cm.**

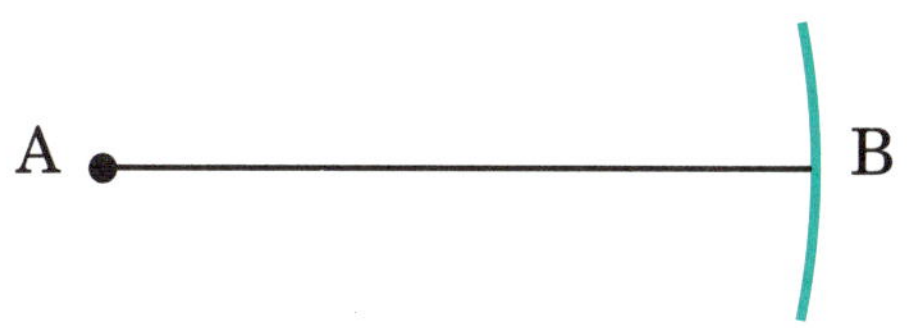

Résous le problème !

A – Quelle longueur de ruban de couleur faut-il pour border le fanion de l'Union bouliste ? Donne la réponse en cm, puis en m et cm.

B – Quelle longueur de ruban de couleur faut-il pour border le drapeau de l'Harmonie municipale ?

C – Quelle longueur de ruban de couleur faut-il pour border le drapeau du Club de voile ?

D – Quelle longueur de ruban de couleur faut-il pour border le fanion et les deux drapeaux ? Donne le résultat en cm puis en m.

Continue la frise !

Comment nomme-t-on tous les polygones de cette figure ?

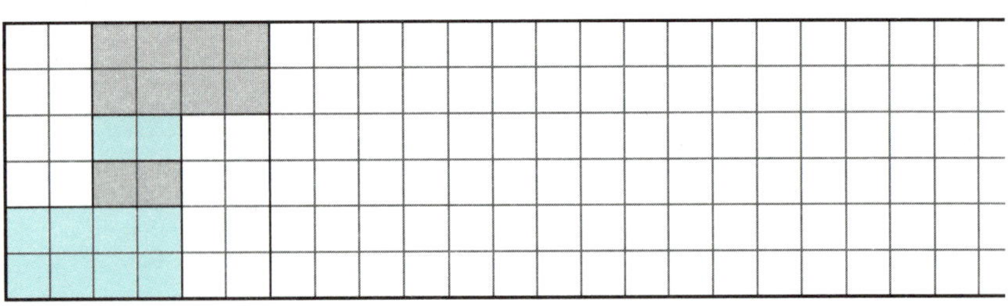

Fais le bilan

Rappel

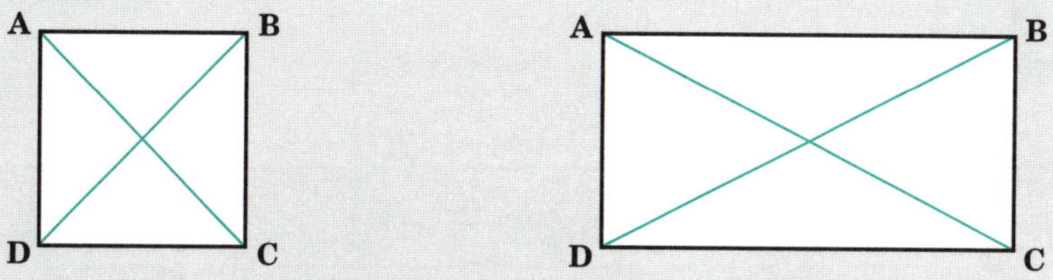

Les segments AC et BD s'appellent les diagonales.
Dans un carré ou un rectangle, elles sont égales.

I Complète le tableau.

Côté du carré en m	9	11	15	40
Périmètre du carré en m (côté × 4)	…	…	…	…

/4

II À l'aide d'instruments (règle, équerre, compas), trace un carré dont les côtés mesurent 4 cm.

/6

Compare tes réponses avec celles des corrigés, p. 118, puis calcule ton score sur 10.

TOTAL /10

Jeu

Les drapeaux flottent au vent !

Colorie en jaune les drapeaux qui ont la forme d'un carré, en rouge ceux qui ont la forme d'un rectangle et en vert ceux qui ont la forme d'un triangle.

16 Multiplier par un nombre

Retiens bien !

1	2	3	5	6	10
10	20	30	50	60	100

(m 10)

→(m 10)→ se lit : « multiplier par 10 ».
On passe du nombre de la première ligne à celui de la seconde ligne en multipliant par 10.

Entraîne-toi !

1 Complète le tableau.

2	3	4	5	6	8	9	10
10	15	…	…	…	…	…	…

(m 5)

2 Observe les exemples, trouve la « règle » puis complète les tableaux.

7	3	5	8	4	9	6	10
..	6	10	..	..	..	12	..
..	..	..	..	..	..	..	..

(m .) (m 3)

Réfléchis et complète !

3 **Observe bien l'exemple et calcule mentalement.**

Ex. : 13 × 100 = 1 300.

9 × 100 = … 15 × 100 = … 18 × 100 = …

11 × 100 = … 6 × 100 = … 20 × 100 = …

4 **Complète mentalement.**

m 5

4	..
7	..
9	..
10	..

m 7

6	..
7	..
9	..
10	..

Utilise la calculatrice !

5 **Complète ce tableau.**

m 3	3	5	9	10	7	0
m 4	9	..	..	..	..	..
m .	36	..	..	..	..	..

6 **Effectue ces multiplications.**

```
  209       214        78
×   8     ×   5     ×  25
 ____      ____      ____
  ...       ...       ...
```

7 **Complète ce tableau.**

m 17	53	84	76	109
	…	…	…	…

Résous le problème !

A – La caissière du magasin a commencé des tableaux pour savoir très rapidement les prix à faire payer aux clients.

Complète ses tableaux.

Nombre de tablettes de chocolat	Prix à payer
1	8 F
2	16 F
3	...
4	...
5	...
6	...
7	...
8	...

m .

Nombre de paquets de bonbons	Prix à payer
1	12 F
2	24 F
3	...
4	...
5	...
6	...
7	...
8	...

m ..

B – Construis un autre tableau pour connaître le prix de 2, 3, 4, 5, 6, 7 et 8 paquets de gâteaux fourrés valant 15 F pièce.

Continue la frise !

Combien y a-t-il de carreaux en couleur et de carreaux gris dans une figure ?

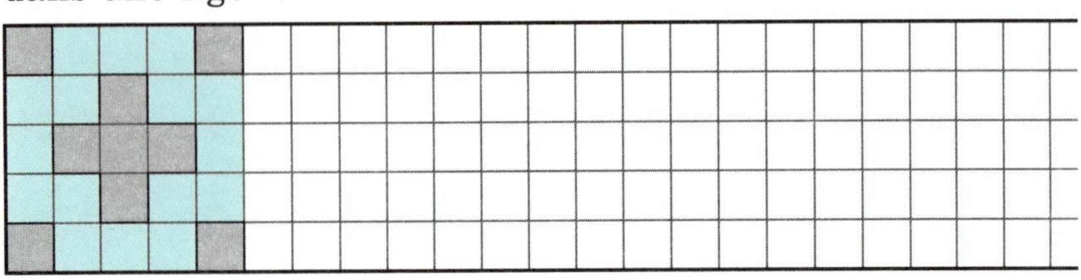

Fais le bilan

Rappel

Plutôt que de multiplier successivement par deux nombres, on peut simplement multiplier par le produit de ces deux nombres.

3 —(m 2)→ 6 —(m 4)→ 24

—(m 2)—(m 4)→ = —(m 8)→

3 —(m 8)→ 24

I **Complète ce tableau.**

m 5 ↓ ; m 2 ↓ ; m .. ↓

4	5	11	20
20	..	..	..
40	..	...	...

/7

II **Utilise ta calculatrice pour effectuer ces opérations.**

406 × 4 = … 125 × 8 = … 56 × 35 = …

/3

Compare tes réponses avec celles des corrigés, **p. 119,** **puis calcule ton score sur 10.**

TOTAL /10

Jeu

La grosse pomme !

Complète après avoir effectué mentalement les opérations.

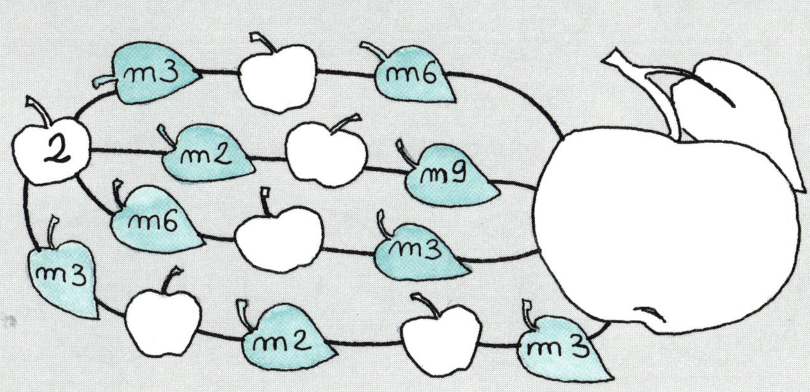

17 Le calendrier et le temps

Retiens bien !

1 année = 12 mois
1 mois = 31 ou 30 jours (février : 28 ou 29 jours)
1 semaine = 7 jours
1 jour = 24 heures
1 heure = 60 minutes ; 1 minute = 60 secondes.

Entraîne-toi !

1 **Écris la date d'aujourd'hui en entier.**

2 **Cette année, le 14 juillet est un …**

En consultant le calendrier de cette année, indique quel jour de la semaine est : Noël ? …
Le 15 août ? …
Le 11 novembre ? …
Le 1er mai ? …

3 **Cette année, quelles sont les dates de tous les dimanches du mois de mai ?**

4 **Marque l'heure indiquée sur les pendules.**

… h | … h … min | … h | … h … min

5 **Place les aiguilles pour que les pendules soient à l'heure.**

7 h | 8 h 30 min | midi | 14 h 30 min

Réfléchis et complète !

6 **Observe bien l'exemple et complète.**

Ex. : le 14 juillet 1789 → 14e jour du 7e mois de l'année 1789, s'écrit en abrégé : 14/7/1789.

6 juin 1944 → …	9/11/1970 → …
1er janvier 1992 → …	25/12/1988 → …
4 septembre 1870 → …	1/5/1962 → …

7 **Sachant que Jessy est née en 1987, complète.**

Jessy aura 10 ans en …	Jessy aura 13 ans en …
Jessy aura 20 ans en …	Jessy aura 25 ans en …

8 **Convertis mentalement.**

2 h = … min	1 h 10 min = … min
6 h = … min	2 h 20 min = … min
9 h = … min	3 h 12 min = … min

9 **Écris en heures et minutes.**

huit heures et quart → …
six heures et demie → …
midi moins dix → …

10 Il faut 40 minutes pour cuire la tarte qu'a préparée Géraldine.

À quelle heure doit-elle la mettre au four si elle veut la servir à 16 h exactement ?

11 Le grand écrivain Victor Hugo est né en 1802 et il est mort en 1885.

À quel âge est-il mort ?

Résous le problème !

A – Claire est née le 12 juillet 1995.
À quelle date aura-t-elle un an ?
À quelle date aura-t-elle deux ans ?
À quelle date aura-t-elle dix ans ?

B – Son cousin Jérémy est né 18 jours après elle.
Quelle est la date de naissance de Jérémy ?

C – Ludovic est né un an, un mois, un jour après Claire.
Quelle est la date de naissance de Ludovic ?

D – Claire et son papa sont nés le même jour de l'année, mais son papa a 30 ans de plus qu'elle.
Quelle est la date de naissance du papa de Claire ?

Continue la frise !

Comment nomme-t-on les quadrilatères gris ?

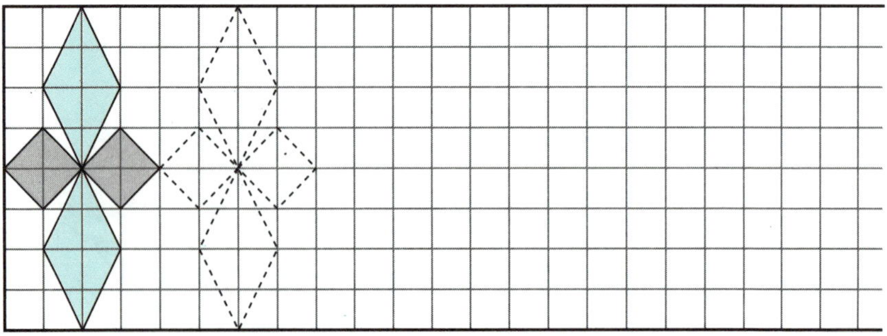

+ = *Fais le bilan* + = + = + =

Rappel

On peut lire l'heure de plusieurs manières.

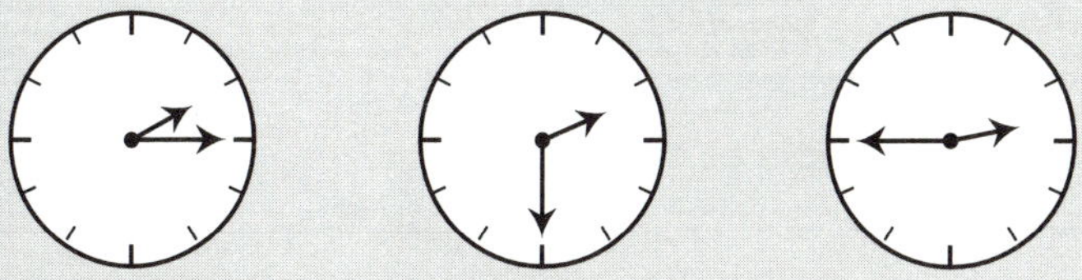

2 h et quart 2 h 15 min	2 h et demie 2 h 30 min	3 h moins le quart 2 h 45 min

I **Indique l'heure que marque chaque pendule.**

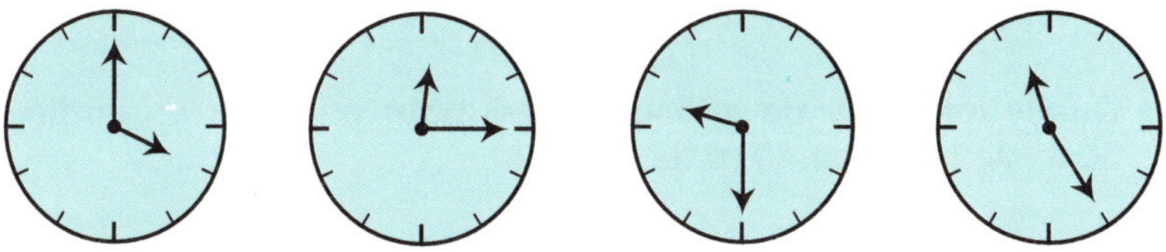

… h … h … min … h … min … h … min

/4

II **Convertis.**

4 h = … min 8 h = … min 10 h = … min 12 h = … min

2 h 10 min = … min 3 h 15 min = … min

/6

Compare tes réponses avec celles des corrigés, p. 120, puis calcule ton score sur 10.

TOTAL /10

Jeu

La ronde des naissances

Relie par des flèches les berceaux, en allant de la date de naissance du bébé le plus âgé vers celle du plus jeune.

Effectue ces exercices !

1 Observe l'exemple et complète.

1 000 + 400 + 50 + 3 = 1 453

1 000 + 900 + 20 + 1 = …

800 + 30 + 6 = …

1 000 + 7 = …

1 000 + 300 + 10 = …

1 000 + 40 + 2 = …

/5

2 Quel est le prix de 6 serviettes qui valent 17 F pièce ?

/4

3 Quelle longueur de grillage faut-il pour entourer un jardin de 50 m de long sur 40 m de large ?

/4

4 Trouve la règle qui permet de passer d'une case à l'autre et continue.

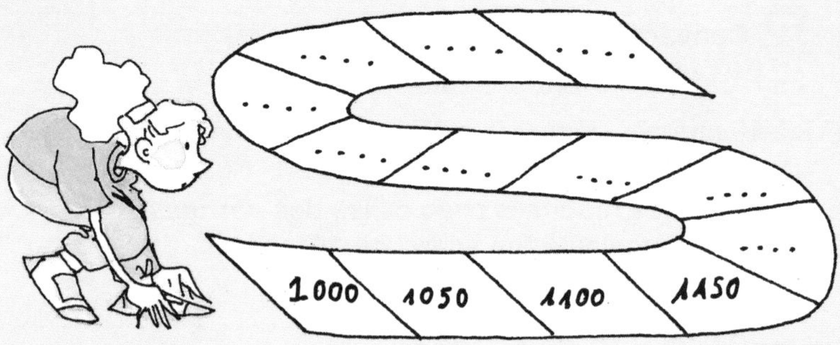

/4

5 Quelle heure est-il ?

… h … min

… h … min

… h … min

/3

Compare tes réponses avec celles des corrigés, p. 120, puis calcule ton score sur 20.

TOTAL /20

Réfléchis et complète !

6 Calcule mentalement.

$7 \times 6 = \dots$ $(4 + 3) \times 9 = \dots$

$9 \times 9 = \dots$ $(13 - 8) \times 8 = \dots$

/4

7 Effectue mentalement.

$32 \times 10 = \dots$ $104 \times 10 = \dots$

$18 \times 100 = \dots$ $27 \times 100 = \dots$

/4

8 Convertis.

3 h = … min 1 h 20 min = … min

8 h = … min 2 h 15 min = … min

/4

Utilise la calculatrice !

9 Effectue ces opérations.

720 + 1 187 = … 1 066 + 654 = …

1 843 – 1 465 = … 1 901 – 973 = …

/4

10 Effectue ces multiplications.

$97 \times 6 = \dots$ $221 \times 8 = \dots$

$36 \times 23 = \dots$ $74 \times 26 = \dots$

/4

Compare tes réponses avec celles des corrigés, p. 120, puis calcule ton score sur 20. TOTAL /20

Jeu

Nombres croisés

Trouve les nombres. Il n'y a qu'un seul chiffre par case. (Tu peux utiliser ta calculatrice.)

Verticalement : colonne 1 ↓ 241 × 8 ; colonne 2 ↓ 1 630 — 1 110 ; colonne 3 ↓ 150 × 10

Horizontalement : ligne 1 → 1 000 + 500 + 10 + 8 ; ligne 2 → 1 000 – 75 ; ligne 3 → 2 fois 1 000

	241 × 8 ↓	1 630 — 1 110 ↓	150 × 10 ↓	
1 000 + 500 + 10 + 8 →		5		
1 000 – 75 →		2		(case grisée)
2 fois 1 000 →		0		
		(case grisée)		(case grisée)

18 Les nombres de 0 à 10 000

Retiens bien !

7 542 se lit : sept mille cinq cent quarante-deux.
2 est le chiffre des unités
4 est le chiffre des dizaines
5 est le chiffre des centaines
7 est le chiffre des unités de mille

Entraîne-toi !

1 Place ces nombres dans le tableau.

	Mille			Unités simples		
	c	*d*	*u*	*c*	*d*	*u*
6 245 →			6	2	4	5
3 150 →						
5 555 →						
8 096 →						
9 809 →						

2 Range ces nombres du plus petit au plus grand.

4 052 – 2 607 – 9 001 – 3 659 – 42 – 10 000.

42 < … < … < … < … < …

3 Observe l'exemple et complète ce tableau.

Nombre qui vient juste avant	Nombre donné	Nombre qui vient juste après
3 614	3 615	3 616
…	5 200	…
…	4 645	…
…	7 000	…
…	8 999	…

Réfléchis et complète !

4 **Écris en chiffres les nombres suivants.**

trois mille quatre cent cinquante-deux → …
sept mille cinq cent soixante-neuf → …
quatre mille sept cent quatre-vingt-cinq → …
neuf mille huit cent trois → …

5 **Calcule mentalement.**

5 000 + 200 + 40 + 3 = …

9 000 + 800 + 70 + 5 = …

6 000 + 60 + 9 = …

6 **Calcule mentalement.**

$(4 \times 1\,000) + (3 \times 100) + (5 \times 10) + 7$ = …

$(7 \times 1\,000) + (5 \times 100) + (9 \times 10)$ = …

$(8 \times 1\,000) + (3 \times 10) + 1$ = …

7 **Complète avec le signe qui convient (< ou >).**

3 600 … 7 800

5 400 … 4 500

6 950 … 6 250

8 231 … 8 238

3 000 + 100 … 3 000 + 500

4 000 + 300 … 2 000 + 800

8 000 – 100 … 7 000 + 600

5 000 + 700 … 6 000 – 400

Utilise la calculatrice !

8 **Entoure la réponse exacte.**

2 317 + 3 582 → 5 890 / 6 899 / 5 899

4 563 + 4 528 → 9 091 / 9 191 / 9 901

9 **Effectue ces soustractions.**

7 896 – 5 725 = …

9 234 – 6 317 = …

10 **Effectue ces multiplications.**

428×16 = …

267×34 = …

Résous le problème !

Dans une salle de cinéma, on a projeté *Le Livre de la jungle* pendant les vacances de Noël.

Voici la liste du nombre de spectateurs qui ont vu le film chacun des jours de la semaine.

lundi 19 décembre	:	942
mardi 20 décembre	:	1 054
mercredi 21 décembre	:	1 212
jeudi 22 décembre	:	1 317
vendredi 23 décembre	:	2 315
samedi 24 décembre	:	432
dimanche 25 décembre	:	1 987

A – Quel est le jour de la semaine où il y a eu le plus de spectateurs ?

B – Combien de spectateurs ont vu le film durant toute cette semaine ?

C – Le directeur du cinéma avait prévu 10 000 entrées. Y en a-t-il eu plus ou moins ?

D – De combien s'est-il trompé ?

Continue la frise !

Colorie en gris comme sur le modèle. Penses-tu que les petits carrés sont de mêmes dimensions ?

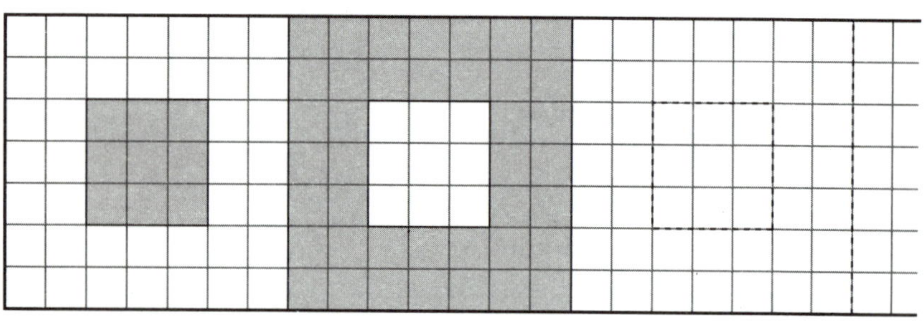

+ = *Fais le bilan* + = + = + =

Rappel

Entre deux nombres entiers, le plus grand est celui qui a le plus de chiffres.

1 241 > 987

S'ils ont le même nombre de chiffres, on les compare chiffre par chiffre en partant de la gauche.

④848 et ⑥529 → ④ < ⑥ → 4 848 < 6 529

5③16 et 5⑦70 → ③ < ⑦ → 5 316 < 5 770

I **Range ces nombres du plus petit au plus grand.**

5 220 – 143 – 9 000 – 9 812 – 522 – 2 519

143 < … < … < … < … < 9 812

/4

II **Effectue ces opérations.**

5 153 + 3 287 = …   6 706 + 3 294 = …   9 811 – 920 = …

/6

Compare tes réponses avec celles des corrigés, p. 121, puis calcule ton score sur 10.

TOTAL

/10

Jeu

La jungle des nombres

Pour sortir de la forêt vierge, Erne doit passer par les cases où les nombres sont plus grands que 6 902 et plus petits que 8 315. Trace son chemin.

19 Les multiples d'un nombre

Retiens bien !

On obtient les multiples de 5 en multipliant 5 par n'importe quel nombre.

0	–	5	–	10	–	55	–	500	sont des multiples de 5.
↑		↑		↑		↑		↑	
5×0		5×1		5×2		5×11		5×100	

Entraîne-toi !

1 Entoure les nombres qui ne sont pas des multiples de 2.

6 – 12 – 4 – 3 – 1 – 8 – 9 – 17 – 24 – 56 – 29.

2 Entoure les nombres qui sont des multiples de 10.

20 – 50 – 31 – 75 – 150 – 280 – 1 000 – 912.

3 Continue la suite des multiples de 3.

0 – 3 – 6 – ... – ... – ... – ... – ... – ... – ... – 30.

4 Complète le tableau en mettant des croix dans les cases qui conviennent.

Nombre	est multiple de 2	est multiple de 3	est multiple de 4
4			
8			
12			
24			
36			

Réfléchis et complète !

5 **Dans la suite des nombres de 0 à 30, souligne les multiples de 6.**

0 – 1 – 2 – 3 – 4 – 5 – 6 – 7 – 8 – 9 – 10 – 11 – 12 – 13 – 14 – 15 – 16 – 17 – 18 – 19 – 20 – 21 – 22 – 23 – 24 – 25 – 26 – 27 – 28 – 29 – 30.

6 **Continue mentalement la suite des multiples de 4.**

0 – 4 – 8 – … – … – … – … – … – … – … – … – … – 48.

7 **Observe bien l'exemple et encadre les nombres entre deux multiples de 4.**

Ex. : 28 < 31 < 32

… < 7 < …	… < 25 < …	… < 14 < …
… < 9 < …	… < 29 < …	… < 46 < …

8 **Complète mentalement.**

3 × … = 12	… × 7 = 56	4 × … = 32	… × 3 = 24
5 × … = 45	… × 9 = 63	6 × … = 48	… × 8 = 72

Effectue les opérations !

9 **Parmi ces additions, deux sont mal posées. Pose-les correctement et effectue les trois.**

6 329	45	5 044
+ 3 19	+ 1 025	+ 64
+ 2 100	+ 459	+ 8 66

10 **Adrien, Kévin, Jordi ont effectué chacun une opération avec leur calculatrice.**

Adrien : 12 × 3 = 36
Kévin : 120 × 3 = 360
Jordi : 1 200 × 3 = 3 600

Peux-tu prévoir le résultat de l'opération que doit effectuer Manuel :

12 000 × 3 = …

Résous le problème !

A – Pour le concours de pétanque du quartier Nord de la ville, 90 équipes sont engagées. Combien de joueurs de pétanque participent à ce concours ? (Regarde bien le dessin).

B – Chaque joueur paie 10 F pour s'inscrire et participer au concours. Quelle somme rapporte l'inscription de tous les joueurs ?

C – Le quartier Sud organise un autre concours avec 54 équipes de 3 joueurs. Combien de joueurs participent à ce concours ?

D – Combien de joueurs participent au concours du quartier Est où il y a 38 équipes de 3 joueurs ?

E – Combien de joueurs participent au concours du quartier Ouest où il y a 85 équipes de 3 joueurs ?

Continue la frise !

Comment nomme-t-on les polygones en couleur ?

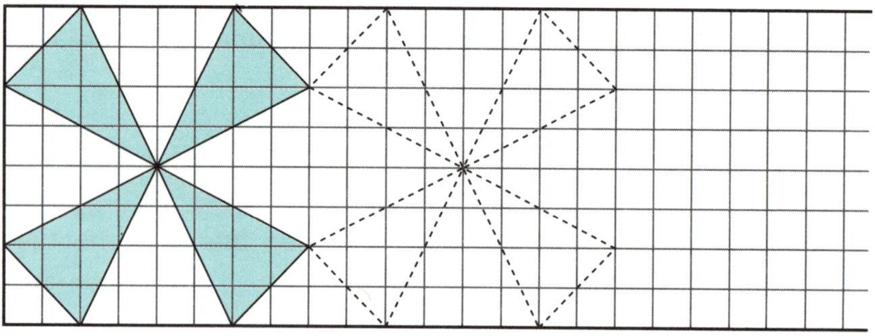

+ = Fais le bilan + = + = + =

Rappel

Les nombres pairs sont tous des multiples de 2.
Les nombres terminés par 0 et 5 sont tous des multiples de 5.
Les nombres terminés par 0 sont tous des multiples de 10.

I **Écris la liste des multiples de 8 compris entre 16 et 56.**
16 – … – … – … – … – 56. /4

II **24 est multiple de plusieurs nombres. Trouves-en 4.** /4

III **Complète mentalement.**
$2 \times 9 = \ldots \times 6$ $6 \times 6 = 4 \times \ldots$ /2

Compare tes réponses avec celles des corrigés, p. 122, puis calcule ton score sur 10.

TOTAL
/10

Jeu

Famille de multiples

Renaud cherche les cartes de la famille des multiples de 3. Marque-les d'une croix en couleur dans le carré du haut.
Quentin cherche les cartes de la famille des multiples de 5. Marque-les d'une croix noire dans le carré du bas.

20 Repérages et déplacements

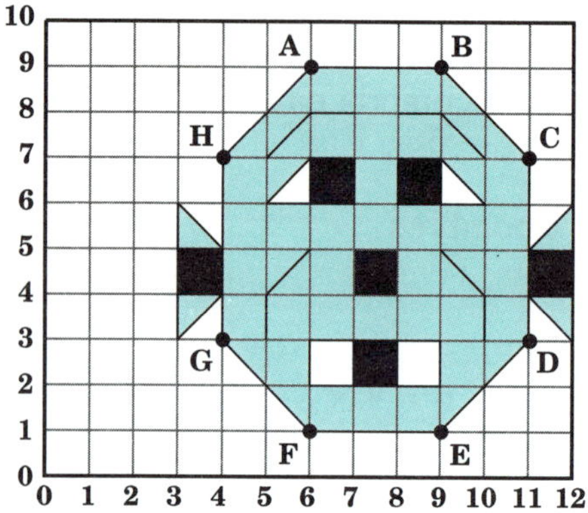

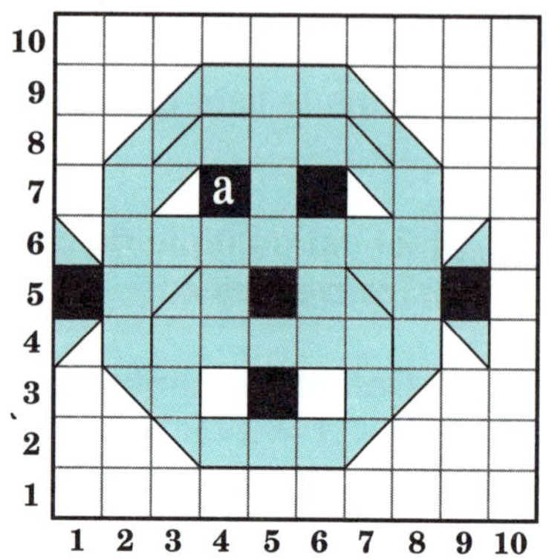

Retiens bien !

Un quadrillage permet de repérer / coder / placer } des points : A (6 ; 9). des cases : a (4 ; 7).

Le premier nombre indique le code de la colonne.
Le deuxième nombre indique le code de la ligne.

Entraîne-toi !

1 Place ces trois points sur le quadrillage. Joins-les. Quel est le nom du polygone obtenu ?

A : (3 ; 2)

B : (9 ; 4)

C : (5 ; 7)

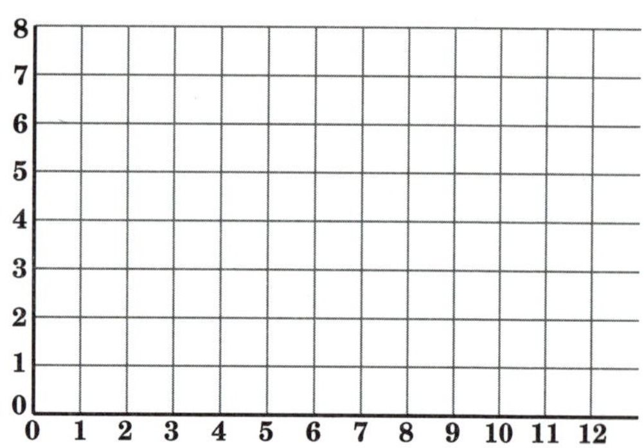

2 **Place ces 4 points sur le quadrillage. Joins-les. Quel est le nom du polygone obtenu ?**

A : (6 ; 1) B : (3 ; 4)

C : (6 ; 7) D : (9 ; 4)

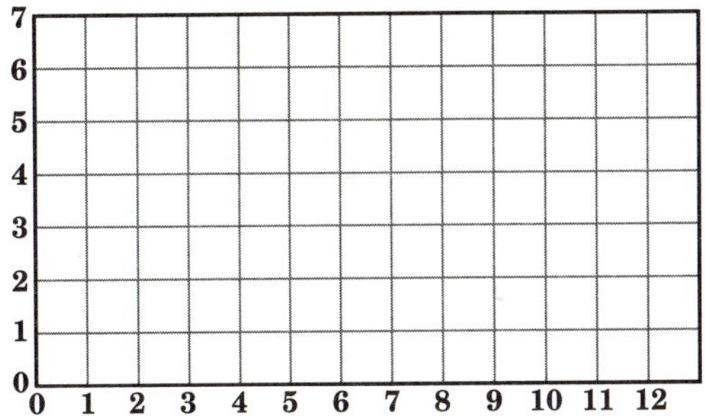

3 **Place sur le quadrillage les points suivants.**

A : (2 ; 4) B : (5 ; 6)

C : (4 ; 2) D : (6 ; 5)

E : (5 ; 5) F : (6 ; 6)

G : (10 ; 2) H : (9 ; 3)

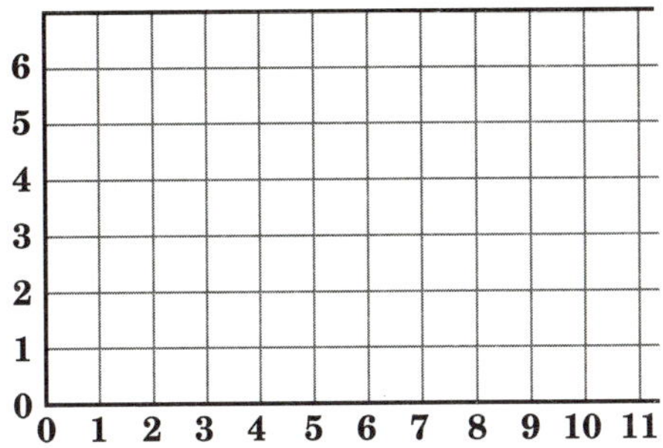

4 **Code les cases colorées en couleur.**

a : (... ; ...) b : (... ; ...)

c : (... ; ...) d : (... ; ...)

e : (... ; ...) f : (... ; ...)

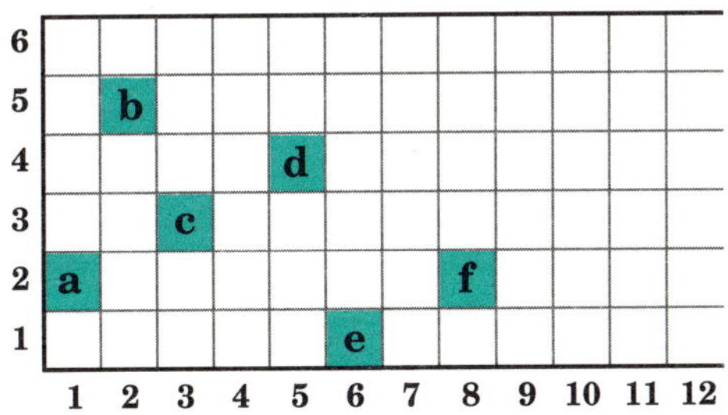

5 **Reproduis sur le grand quadrillage la figure du petit quadrillage.**

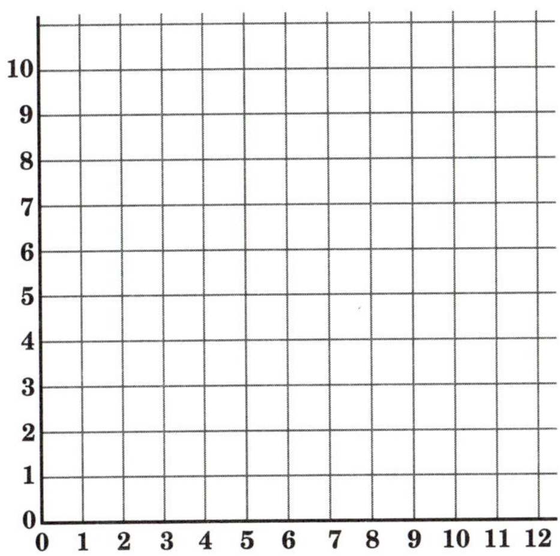

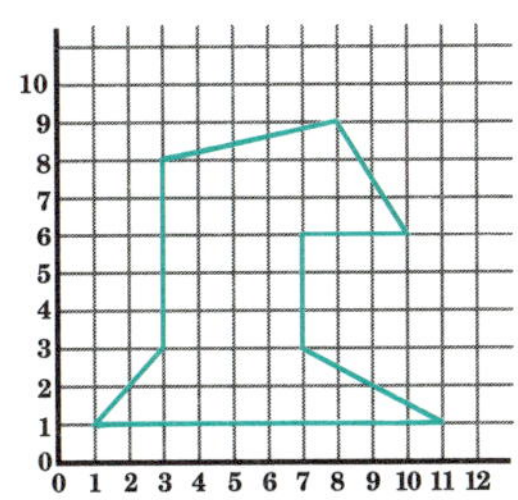

Résous les problèmes !

Pour dessiner, tu peux utiliser les quadrillages.

I Place les points suivants sur le schéma ci-dessous :

A : (1 ; 3) B : (2 ; 4)

C : (5 ; 4) D : (5 ; 5)

E : (6 ; 5) F : (6 ; 4)

G : (7 ; 4) H : (8 ; 3)

I : (7 ; 3) J : (7 ; 1)

K : (2 ; 1) L : (2 ; 3)

Joins les points A, B, C, D, E, F, G, H, I, J, K, L.
Quel dessin obtiens-tu ?

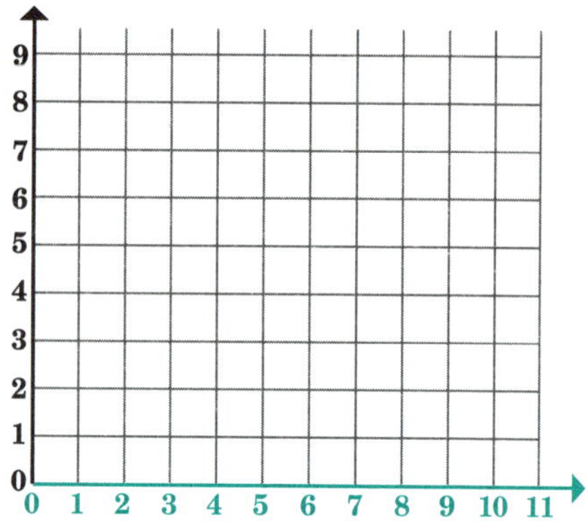

II Sur ton cahier, reproduis le quadrillage ci-dessous. Tu vas déplacer le dessin noir et le tracer en couleur. Marque le code des points du dessin en couleur selon l'exemple :

A : (2 ; 6) – B : (2 ; 7) – C : (3 ; 7) – D : ... – E : ... etc.

A : (11 ; 6) – B : (11 ; 7) – C : (12 ; 7) – D : ... – E : ... etc.

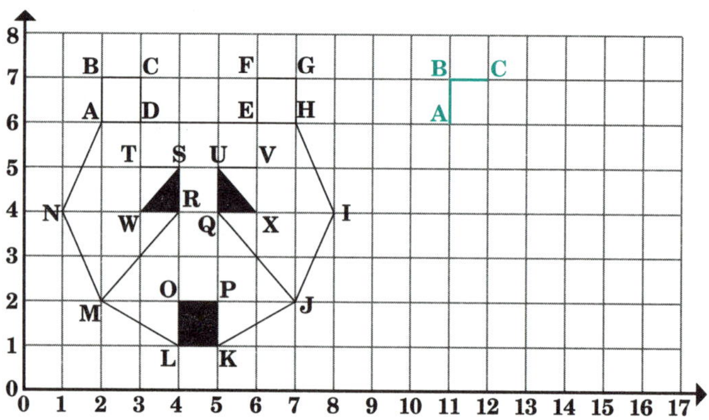

Continue la frise !

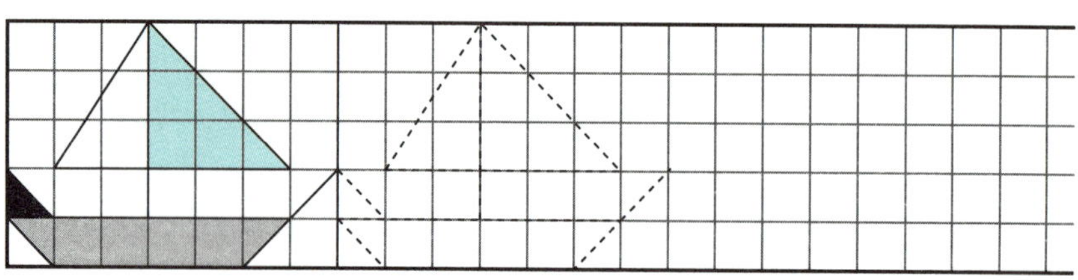

Fais le bilan

Rappel

Lorsque l'on code un point ou une case d'un quadrillage, le premier nombre indique toujours la position sur la ligne horizontale et le second, la position sur la ligne verticale.

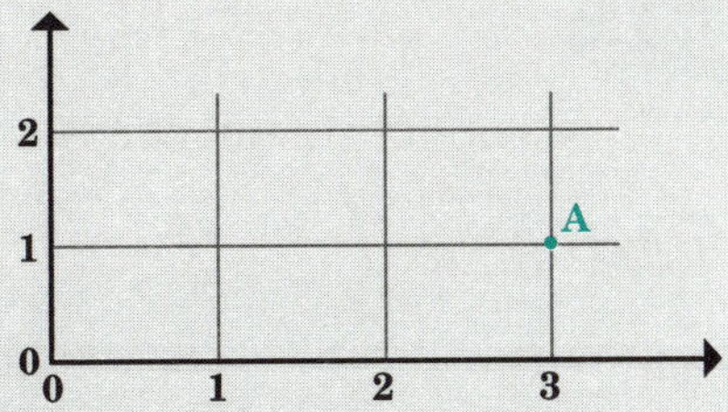

A : (3 ; 1)

I **Code les sommets de ce polygone.**

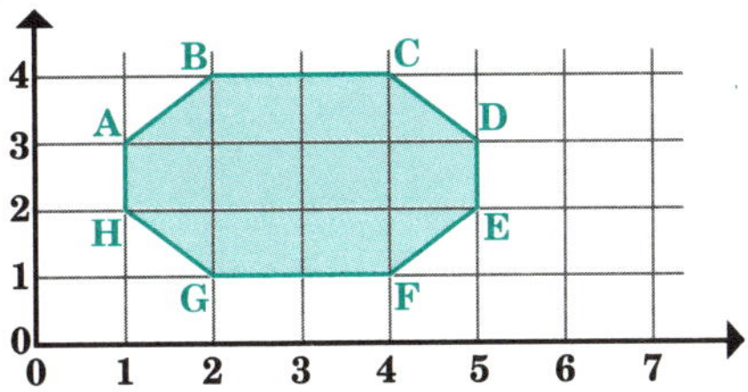

A : (... ; ...) B : (... ; ...)

C : (... ; ...) D : (... ; ...)

E : (... ; ...) F : (... ; ...)

G : (... ; ...) H : (... ; ...)

/8

II **Place les points.**

I : (3 ; 3) et J : (3 ; 2).

/2

Compare tes réponses avec celles des corrigés, p. 124, puis calcule ton score sur 10.

TOTAL

/10

Jeu

Le lion en cage

Utilise une feuille quadrillée pour reproduire le dessin de ce lion. Colorie.

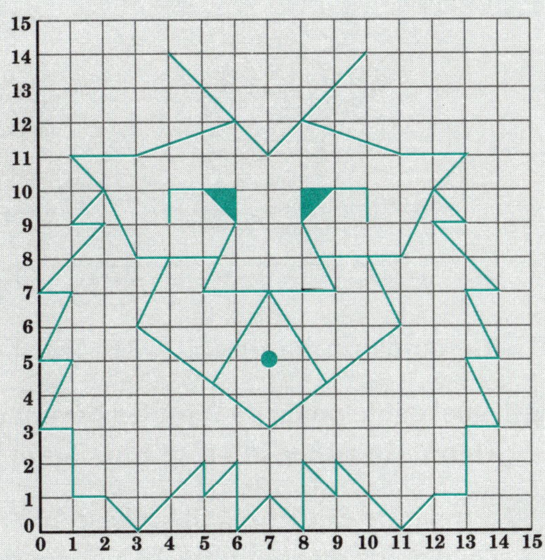

21 Les mesures de masse

Retiens bien !

Le gramme (g) et le kilogramme (kg) sont des mesures de masses.

1 kilogramme = 1 000 grammes

1 kg = 1 000 g

Entraîne-toi !

1 Calcule.

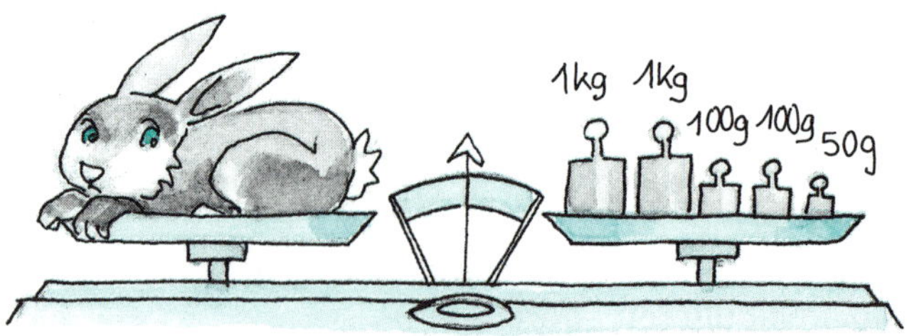

Le poids du lapin = … kg … g = … g.

2 Calcule.

Le poids du poulet = … kg … g = … g.

3 Quel est le poids de 8 truites pesant chacune 350 g ?
Donne la réponse en g, puis kg et g.

4 Un pot de confitures plein pèse 750 g. Vide, il pèse 150 g.
Quel poids de confitures ce pot contient-il ?

Réfléchis et complète !

5 Effectue mentalement.

32 : 8 = … 72 : 9 = … 25 : 5 = …

90 : 10 = … 48 : 6 = … 56 : 8 = …

6 Exprime les masses suivantes en grammes.

3 kg = … g
6 kg = … g
1 kg 500 g = … g
4 kg 800 g = … g

2 kg 350 g = … g
1 kg 40 g = … g
5 kg 425 g = … g
8 kg 7 g = … g

7 Observe bien l'exemple et complète.

Ex. : 1 kg = 400 g + 600 g.

1 kg = 500 g + … g
1 kg = 800 g + … g
1 kg = 700 g + … g
1 kg = 100 g + … g

1 kg = 950 g + … g
1 kg = 540 g + … g
1 kg = 880 g + … g
1 kg = 90 g + … g

8 Entoure la masse qui te semble convenir.

Poids d'un éléphant	:	7 000 g	7 000 kg	100 kg
Poids d'un mouton	:	5 000 g	4 kg	150 kg
Poids d'un ours blanc	:	600 kg	50 kg	5 000 kg
Poids d'un chimpanzé	:	55 kg	5 000 g	2 kg

Utilise la calculatrice !

9 Utilise ta calculatrice pour compléter.

8 222 = (189 × 43) + … 9 016 = (98 × 92) + …

10 000 = (365 × 27) + …

Résous le problème !

Voici le poids moyen de quelques animaux :

l'élan d'Alaska	: 500 kg	le crocodile marin	: 2 000 kg
la loutre de mer	: 35 kg	le ouistiti	: 700 g
le cerf	: 250 kg	le bison d'Amérique	: 1 300 kg
le scarabée Goliath	: 100 g	le tigre d'Inde	: 350 kg

A – De tous ces animaux, quel est le plus léger ?

B – De tous ces animaux, quel est le plus lourd ?

C – Range ces animaux du plus léger au plus lourd.

D – Quelle est la différence de poids entre le cerf et l'élan d'Alaska ?

Continue la frise !

Utilise ton compas pour continuer.
Les points marqués sont les centres des cercles.

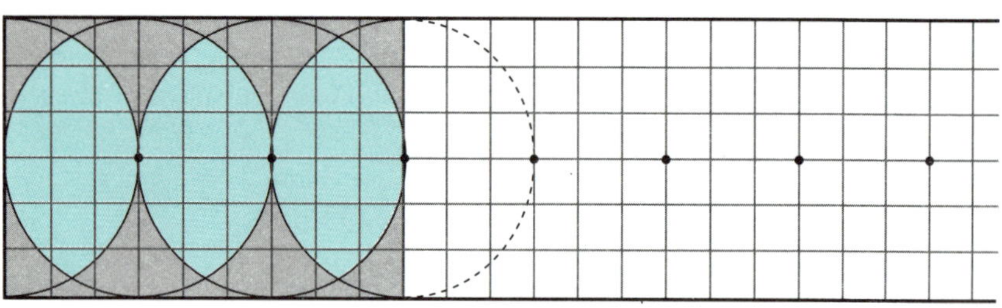

Fais le bilan

Rappel

Dans le langage de tous les jours, on emploie le mot poids à la place du mot masse.

I Complète mentalement.

1 kg = 600 g + … g 1 kg = 500 g + … g

1 kg = 200 g + … g 1 kg = 750 g + … g

1 kg = 300 g + … g 1 kg = 350 g + … g

/6

II Range les masses suivantes par ordre croissant (pense à convertir).

100 g – 1 kg – 50 g – 10 g – 5 kg – 3 000 g.

10 g < … < … < … < … < 5 000 g (5 kg)

/4

Compare tes réponses avec celles des corrigés, p. 125, puis calcule ton score sur 10.

TOTAL /10

Jeu — *Dominos « masses »*

Les dominos reliés par une flèche marquent la même masse. Complète selon les exemples.

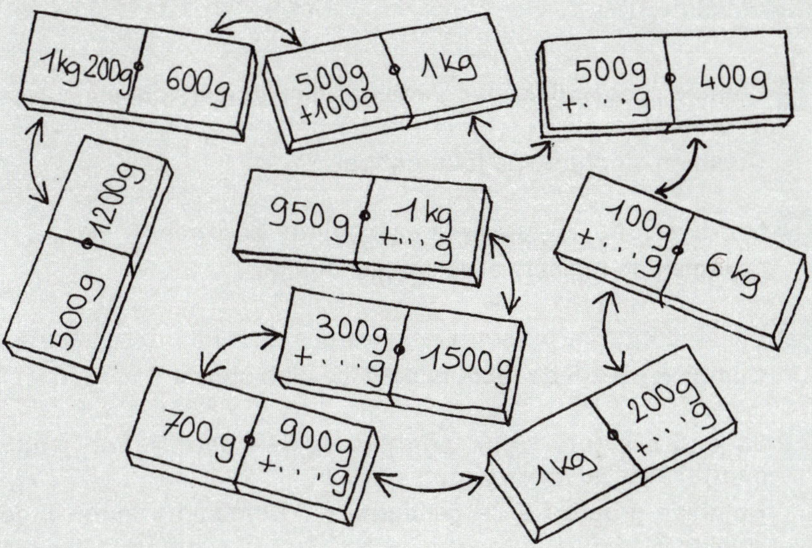

22 Vers le cours moyen

20 élèves ont formé 4 équipes de 5 joueurs chacune.
$20 = 5 \times 4$.

Retiens bien !

Quand on partage, on fait une division.

$$5 \times 1 = 5$$
$$5 \times 2 = 10$$
$$5 \times 3 = 15$$
$$\boxed{5 \times 4 = 20} \rightarrow 20 : 4 = 5$$

Entraîne-toi !

1 **Combien peut-on former d'équipes de 6 joueurs chacune avec 24 enfants ?**
Combien d'enfants ne joueront pas ?

2 On distribue 18 maillots entre deux équipes.
Combien de maillots aura chaque équipe ?

3 Un club sportif présente 10 équipes de 5 joueurs chacune.
Combien y a-t-il de joueurs dans ce club sportif ?

4 38 enfants font deux équipes égales pour jouer « aux gendarmes et aux voleurs ».
Combien y aura-t-il de gendarmes ? Combien y aura-t-il de voleurs ?

Réfléchis et complète !

5 **Complète mentalement.**

$6 \times \ldots = 42$ $\quad 7 \times \ldots = 49$ $\quad 10 \times \ldots = 110$

$\ldots \times 9 = 81$ $\quad \ldots \times 7 = 70$ $\quad \ldots \times 20 = 80$

6 **Encadre ces nombres entre deux multiples successifs.**

$(\ldots \times 7) < 23 < (\ldots \times 7)$ $\quad (\ldots \times 9) < 55 < (\ldots \times 9)$

$(\ldots \times 5) < 29 < (\ldots \times 5)$ $\quad (\ldots \times 8) < 60 < (\ldots \times 8)$

$(\ldots \times 6) < 41 < (\ldots \times 6)$ $\quad (\ldots \times 4) < 38 < (\ldots \times 4)$

7 **Calcule mentalement.**

$12 - (5 \times 2) = \ldots$ $\quad 34 - (10 \times 3) = \ldots$ $\quad 20 - (6 \times 3) = \ldots$

$47 - (9 \times 5) = \ldots$ $\quad 25 - (8 \times 3) = \ldots$ $\quad 59 - (8 \times 7) = \ldots$

8 **Complète mentalement.**

$\ldots = (10 \times 7) + 6$ $\quad 83 = (20 \times 4) + \ldots$ $\quad \ldots = (8 \times 3) + 5$

$75 = (9 \times 8) + \ldots$ $\quad \ldots = (7 \times 5) + 4$ $\quad 64 = (7 \times 9) + \ldots$

Utilise la calculatrice !

9 **Effectue à l'aide de ta calculatrice.**

$(34 \times 12) + 8 = \ldots$ $\quad (14 \times 7) + 2 = \ldots$

$(241 \times 5) + 4 = \ldots$ $\quad (86 \times 17) + 51 = \ldots$

10 **Observe bien l'exemple et effectue les opérations nécessaires pour compléter.**

Ex. : $5\,243 = (437 \times 11) + \ldots$ ←

→ $437 \times 11 = 4\,807$

→ $5\,243 - 4\,807 =$ **436**

$4\,829 = (216 \times 22) + \ldots$ $\quad 9\,512 = (208 \times 45) + \ldots$

$7\,511 = (203 \times 37) + \ldots$

11 Sur une calculatrice, le signe de la division est indiqué ainsi : $\div$

Utilise ta calculatrice pour effectuer ces divisions.

$78 : 6 = \ldots$ $\quad 336 : 6 = \ldots$

$92 : 4 = \ldots$ $\quad 238 : 7 = \ldots$

Résous le problème !

A – Pour la fête du village, on a organisé un grand tournoi de hand-ball.

Chaque équipe est formée de 7 joueurs.

63 personnes sont inscrites pour le tournoi.

Combien d'équipes de 7 joueurs peut-on former avec les 63 personnes inscrites ?

B – Si 9 nouveaux joueurs s'inscrivent, peut-on former une nouvelle équipe ?
Toutes ces nouvelles personnes pourront-elles jouer ?

C – Combien y aura-t-il d'équipes en tout ?

D – Combien de personnes ne pourront pas jouer ?

Continue la frise !

Pour obtenir la figure grise, on divise par deux toutes les dimensions de la figure en couleur. Continue.

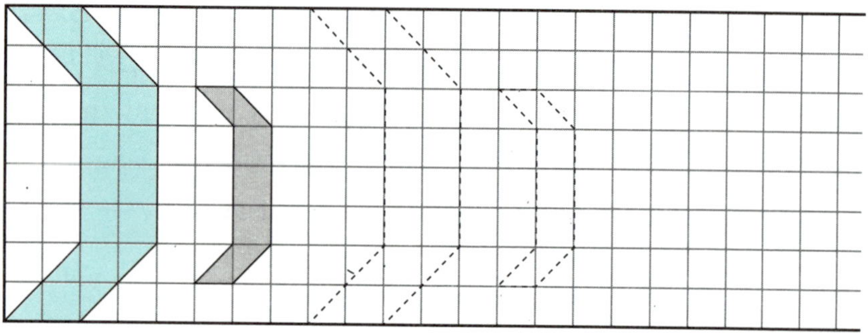

Fais le bilan

Rappel

Lorsque l'on effectue une division, on n'obtient pas toujours un résultat exact : il y a alors un reste.

37 divisé par 9 → 37 = (4 × 9) + 1

↑ reste

La calculatrice ne donne pas directement le reste d'une division.

I Complète mentalement.

5 × … = 35	8 × … = 72	6 × … = 0
8 × … = 80	6 × … = 36	4 × … = 44

/6

II Utilise ta calculatrice pour compléter.

(8 × 7) + 4 = …	94 = (30 × 3) + …
(10 × 9) + 8 =	82 = (11 × 7) + …

/4

Compare tes réponses avec celles des corrigés, p. 125, puis calcule ton score sur 10.

TOTAL /10

Jeu

La piste au trésor

La règle de ce jeu est simple : il faut choisir le chemin où le résultat de la division est 8. Utilise ta calculatrice et trace la piste qui mène au trésor.

Effectue ces exercices !

1 Classe les nombres suivants dans le tableau.

905 – 5 903 – 8 999 – 9 631 – 771 –
7 205 – 4 936 – 1 205 – 6 001 – 19.

Nombres compris entre 0 et 1 000	Nombres compris entre 1 000 et 6 000	Nombres compris entre 6 000 et 10 000

/10

2 Entoure les multiples de 5.

25 – 37 – 48 – 50 – 12 – 74 – 75.

/3

3 Maman partage 86 F en deux parts égales pour Lina et Frédéric.
Combien chacun reçoit-il ?

/3

4 Code les cases en couleur A, B, C et D.

A : (... ; ...)
B : (... ; ...)
C : (... ; ...)
D : (... ; ...).

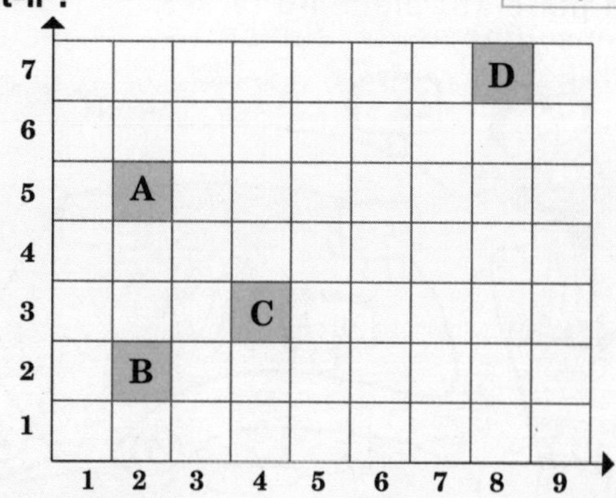

/4

Compare tes réponses avec celles des corrigés, p. 126, puis calcule ton score sur 20.

TOTAL /20

Réfléchis et complète !

5 Effectue mentalement.

(6 × 2) + 5 = … 32 – (7 × 4) = …

(7 × 9) + 6 = … 77 – (9 × 8) = … /4

6 Complète mentalement.

9 × … = 45 64 : 8 = …

6 × … = 54 36 : 4 = … /4

7 Convertis.

4 kg = … g 2 kg 250 g = … g

3 kg 200 g = … g 6 kg 80 g = … g /4

Utilise la calculatrice !

8 Effectue ces opérations.

5 431 + 3 929 = … 345 × 28 = …

8 035 – 2 436 = … 304 × 29 = … /4

9 Complète.

8 027 = (317 × 25) + … 8 675 = (604 × 14) + … /4

Compare tes réponses avec celles des corrigés, p. 126, puis calcule ton score sur 20. TOTAL /20

Jeu

Au voleur

Quatre personnes ont été arrêtées. La police connaît les renseignements suivants : la montre du voleur marque 10 h, son numéro est plus petit que 6 000 et le plus grand des chiffres de son numéro est le chiffre des unités.

Jojo Bébert Paula Riton

Le voleur est…

Les nombres de 0 à 10 000

1 Entoure la somme réalisée avec les billets et pièces indiquées.

100 F	50 F	20 F	10 F	5 F	2 F	1 F	
2	1		1	1	1		→ 165 F / 267 F / 252 F
4	2			1		1	→ 451 F / 506 F / 456 F
3		2		2			→ 350 F / 345 F / 325 F
1	2	1	1	1			→ 235 F / 185 F / 415 F

/4

2 Colorie de la même couleur les écritures du même nombre.

2 020	deux mille deux cents	$(2 \times 1\,000) + 2$
2 002	deux mille deux cent vingt	$(2 \times 1\,000) + (2 \times 10)$
2 200	deux mille vingt	$(2 \times 1\,000) + (2 \times 100) + (2 \times 10)$
2 220	deux mille deux	$(2 \times 1\,000) + (2 \times 100)$

/4

3 Pour que les écritures soient égales, barre le nombre qui ne convient pas.

4 753 = 700 + 3 + 4 000 + [5] [50]

7 081 = 80 + 1 + [7 000] [700]

2 460 = 400 + 2 000 + [6] [60]

5 853 = 5 000 + 3 + 50 + [80] [800]

/4

4 Madame Lefranc compte ce qu'elle a économisé : 6 billets de 500 F, 4 billets de 100 F, 10 pièces de 20 F et 10 pièces de 10 F.

Combien d'argent a-t-elle mis de côté ? Entoure la bonne réponse.

$(6 \times 100) + (4 \times 100) + (10 \times 20) + (10 \times 10) = 1\,300$

$(6 \times 500) + (4 \times 1\,000) + (10 \times 20) + (10 \times 10) = 7\,300$

$(6 \times 500) + (4 \times 100) + (10 \times 20) + (10 \times 10) = 3\,700$

/8

Compare tes réponses avec celles des corrigés, p. 126, puis calcule ton score sur 20.

TOTAL /20

Les opérations +, –, ×

1 **Complète les égalités. Choisis la bonne réponse.**

52 + … = 60	7	8	120 + … = 200	20	80	
52 + … = 70	18	12	120 + … = 220	80	100	
52 + … = 80	28	27	120 + … = 320	200	100	
52 + …. = 100	58	48	120 + … = 400	200	280	/4

2 **Quatre enfants effectuent la même addition. Une seule addition est juste. Entoure la bonne réponse.**

475	475	475	475
+ 237	+ 237	+ 237	+ 237
+ 28	+ 28	+ 28	+ 28
710	739	740	751

/4

3 **Sans poser les soustractions, barre celles qui sont fausses.**

572 – 52 = 420 | 520 – 280 = 31

785 – 105 = 680 | 640 – 340 = 300

902 – 72 = 730 | 750 – 410 = 340

/3

4 **Barre les multiplications qui sont fausses.**

98 × 10 = 980 | 100 × 20 = 200

50 × 20 = 100 | 150 × 20 = 3 000

75 × 10 = 750 | 20 × 20 = 40

/3

5 Nelly lit un roman. Samedi, elle a lu 56 pages, dimanche, 72 pages.

Combien de pages a-t-elle lues en deux jours ?

56 + 72 | 72 – 56 | 56 –72 | 56 + 72 + 2

/3

6 Dans le quartier du Val-Fleuri, on a construit en sept mois 10 petits immeubles de 15 appartements.

Combien y a-t-il d'appartements en tout ?

10 + 15 + 7 | 7 × 10 | 7 × 15 | 10 × 15

/3

Compare tes réponses avec celles des corrigés, p. 126, puis calcule ton score sur 20.

TOTAL /20

Mesures de longueur, de masse, de temps

1 Entoure la longueur qui peut convenir.

Un immeuble de 20 étages	5 km	50 m	50 cm
La taille d'un homme	1 m 75 cm	17 m	17 cm
La distance Paris-Lyon	4 600 m	460 km	4 600 cm
La pointure du pied	2 m	2 cm	2 dm

/4

2 Entoure l'unité que tu choisirais pour mesurer.

Le tour du monde	km	m	mm
Une perle	km	m	mm
La longueur de la cuisine	km	m	mm

/3

3 Combien de jours la boulangerie restera-t-elle fermée ? Entoure la bonne réponse.

BOULANGERIE
DU PETIT FOURNIL

Congés d'été

La boulangerie sera fermée le 14 juillet et ouvrira le 7 août.

23 jours

24 jours

25 jours

/6

4 Entoure la masse qui peut convenir.

1 baguette de pain	3 kg	350 kg	350 g
1 voiture de ville	650 kg	65 kg	6 500 g
1 bonbon	12 kg	12 g	120 g

/3

5 Pour peser son chat, Jessy monte sur le pèse-personne avec lui. La balance indique 32 kg.

Ensuite, elle se pèse seule. La balance indique 27 kg.

Quel est le poids du chat ?

3 kg | 5 kg | 6 kg | 12 kg

/4

Compare tes réponses avec celles des corrigés, p. 127, puis calcule ton score sur 20.

TOTAL /20

Droites — Repérages

1 **Dans chaque dessin, passe en couleur les parallèles.**

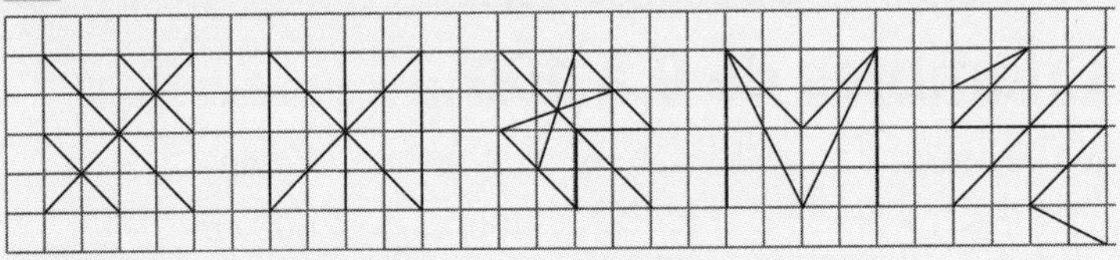

/10

2 **Dans chaque figure, les traits de même épaisseur sont :**

perpendiculaires | parallèles

Dans la figure en couleur, les traits épais sont-ils parallèles ou perpendiculaires aux traits fins ?

/4

3 **Quel dessin est réalisé en joignant dans l'ordre les points suivants ?**

(10 ; 9), (5 ; 5), (1 ; 5), (4 ; 3), (6 ; 0), (6 ; 4), (10 ; 9).

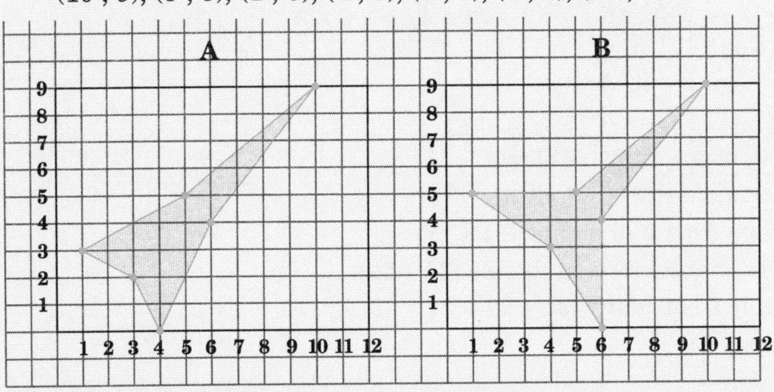

/3

4 **Si on fait glisser le triangle de 10 carreaux vers la droite et de 2 carreaux vers le haut, quels codes les sommets du nouveau triangle auront-ils ? Entoure la bonne réponse.**

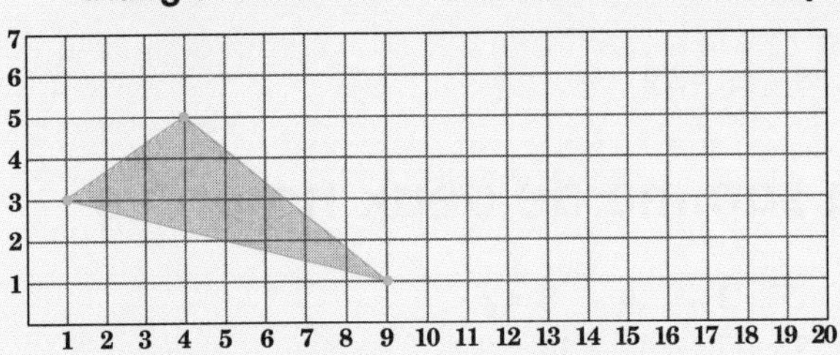

(11,3) ; (14,5) ; (19,1)

(10,5) ; (13,7) ; (18,3)

(11,5) ; (14,7) ; (19,3)

/3

Compare tes réponses avec celles des corrigés, p. 127, puis calcule ton score sur 20.

TOTAL /20

CORRIGÉS

Les résultats des opérations sont donnés par ligne.

1 Les nombres de 0 à 100

1.

24	20 + 4	2 dizaines 4 unités
53	50 + 3	5 dizaines 3 unités
99	90 + 9	9 dizaines 9 unités
72	70 + 2	7 dizaines 2 unités
66	60 + 6	6 dizaines 6 unités

2. 9 < 14 < 32 < 50 < 75 < 83.

3. 54 < 60 ; 48 > 31 ; 81 > 79 ; 35 > 21 ; 6 < 92 ; 64 > 46.

4. ④3 – ②6 – ⑦5 – ①9 – 1⓪0 – 8.

5. 15 – 16 – 17 – 18 – 19 – 20.
49 – 48 – 47 – 46 – 45 – 44.
77 – 78 – 79 – 80 – 81 – 82.

6. 26 – 27 – 28 ; 58 – 59 – 60 ; 69 – 70 – 71.

7. vingt-trois ; soixante-deux ; 75 ; 98.

8. 10 + 9 ; 17 + 2 ; 6 + 5 + 8 ; 3 + 12 + 4 ; 4 + 6 + 9.

9. 59 ; 88 ; 99.

Problème

A. Cours élémentaire 2 : 27 élèves.

B. Cours élémentaire 1 : 21 élèves.

C. 48 enfants iront à la piscine (21 + 27).

D. 46 élèves chanteront à la chorale (24 + 22).

E. 94 enfants iront courir (21 + 27 + 24 + 22).

Bilan

I. 97 > 91 > 53 > 44 > 35 > 17 > 8.

II. 10 + 5 ; 13 + 2 ; 5 + 5 + 5 ; 8 + 7 ; 3 + 9 + 3.

Jeu

55 – 63 – 78 – 56 – 69 – 88 – 95 – 72.

2 Trouver la somme de deux nombres

1. 2 + 8 = 8 + 2 = 10 ; 8 + 14 = 14 + 8 = 22 ;
15 + 5 = 5 + 15 = 20 ; 13 + 12 = 12 + 13 = 25.

2. Sylvie : ajouter 5 bougies ; Maud : ajouter 7 bougies ; Eddy : ajouter 11 bougies.

3. 4 + 8 < 4 + 9 ; 12 + 7 < 12 + 8 ;
6 + 5 < 6 + 6 ; 20 + 12 < 20 + 13 ;
8 + 6 < 8 + 7 ; 16 + 15 < 16 + 16.

4. 42 = 40 + 2 ; 71 = 60 + 11 ; 79 = 70 + 9 ; 95 = 80 + 15.

5. 20 + 8 = 28 ; 60 + 13 = 73 ; 90 + 6 = 96 ;
40 + 7 = 47 ; 60 + 17 = 77 ; 80 + 11 = 91.

6. 40 + 60 = 100 ; 30 + 70 = 100 ; 50 + 50 = 100 ; 10 + 90 = 100.

7. 12 + 6 > 10 + 6 ; 15 + 15 = 25 + 5 ; 7 + 8 = 8 + 7 ; 29 + 10 > 22 + 10.

8.

+	4	5	2	7	8
6	10	11	8	13	14
9	13	14	11	16	17
7	11	12	9	14	15
10	14	15	12	17	18
5	9	10	7	12	13

9. 70 + 2 ; 60 + 12 ; 30 + 30 + 12 ; 40 + 32 ; 60 + 6 + 6 ; 40 + 30 + 2.

Problème

A. 35 enfants (17 + 18).

B. 51 grandes personnes seront invitées (32 + 19).

C. 86 personnes seront autour des grands-parents de Rodolphe (35 + 51).

Bilan

I. 53 = 50 + 3 ; 75 = 60 + 15 ; 84 = 80 + 4 ; 97 = 80 + 17.

II. 5 + 2 < 3 + 7 ; 9 + 5 < 8 + 9 ; 22 + 3 < 17 + 9 ; 27 + 2 < 22 + 8 ;
11 + 6 > 12 + 4 ; 19 + 10 = 23 + 6.

Jeu

En rouge : 22 + 15 = 40 ; 20 + 20 = 40 ; 19 + 21 = 40.
En jaune : 12 + 10 = 22 ; 11 + 11 = 22 ; 15 + 7 = 22.
En vert : 31 + 22 = 53 ; 29 + 24 = 53 ; 31 + 22 = 53 ; 27 + 26 = 53.

3 Les parallèles et les perpendiculaires

1. Les droites parallèles sont les deux premières.

2.

3.

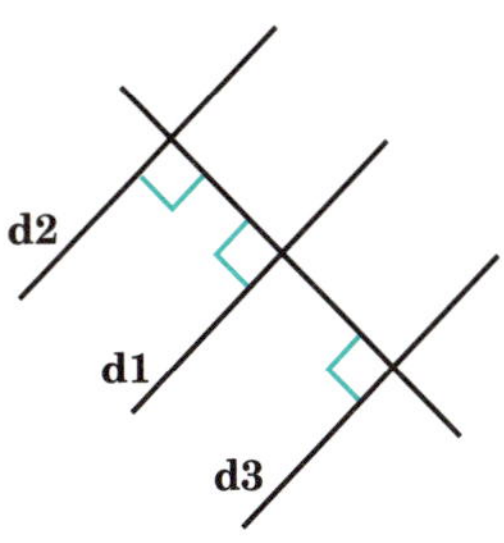

4.

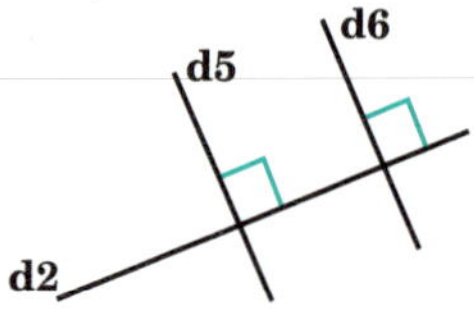

5.

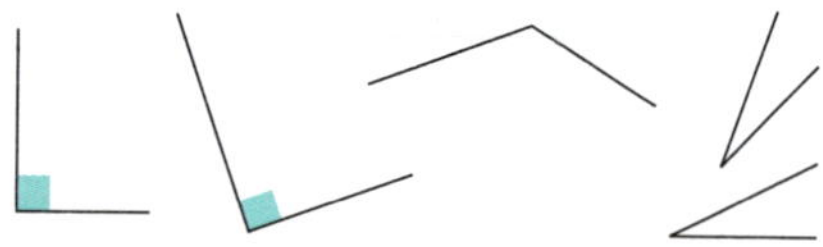

6. En gris : les parallèles
En couleur : les perpendiculaires.

7.

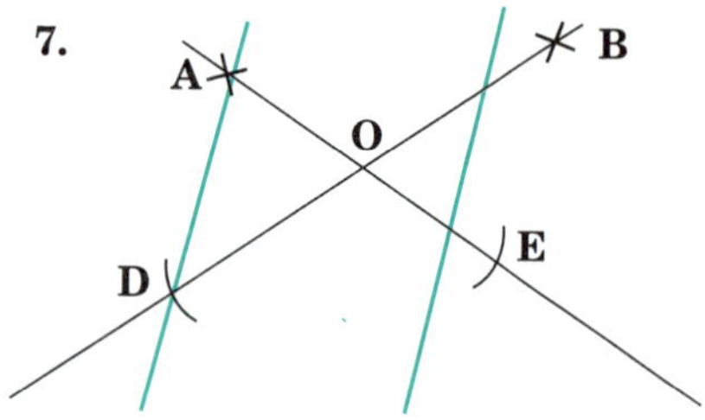

Problème

A.

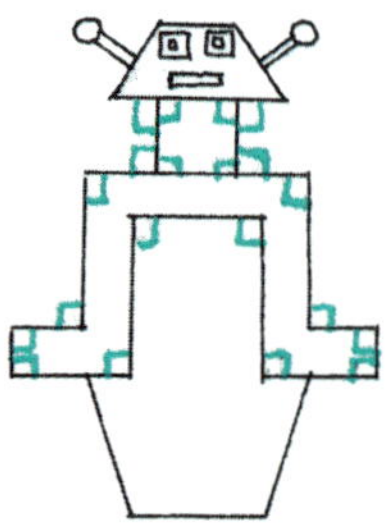

B. Segments parallèles au segment AB : TC – SD – RE – QF – UV – OP – GH – NW – XI – LK.

C. Segments perpendiculaires au segment QF : SR – DE – QP – FG – UW – VX – ON – HI.

D. Faux ; faux ; vrai ; vrai ; vrai.

Bilan

I.

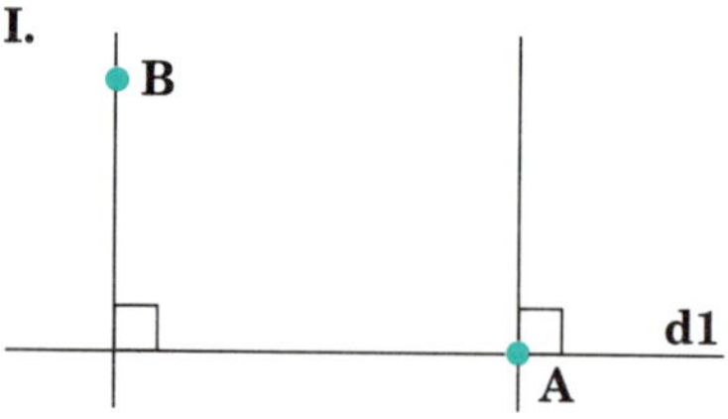

II. On trace deux droites passant par C et D et qui se coupent en O.

Avec le compas, on reporte les longueurs OE = OC et OF = OD.

On trace les droites passant par C et F d'une part, et D et E d'autre part : elles sont parallèles.

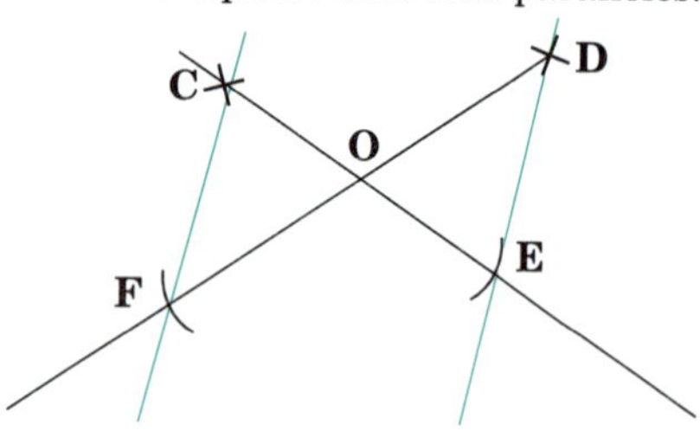

Jeu

Le robot arrivera dans la case n° 5.

4 L'addition

1. 48 véhicules (36 + 12).

2. 49 timbres (23 + 26).

3. 45 poupées (28 + 17).

4. 6 + 3 = 9 ; 7 + 4 = 11 ; 52 + 7 = 59 ; 14 + 5 = 19 ; 18 + 2 = 20 ; 26 + 4 = 30 ; 35 + 2 = 37 ; 49 + 3 = 52 ; 89 + 6 = 95.

5. 5 + 5 = 10 ; 34 + 6 = 40 ; 13 + 7 = 20 ; 28 + 2 = 30 ; 1 + 49 = 50 ; 60 + 10 = 70.

6. 31 + 10 = 41 ; 55 + 30 = 85 ; 29 + 20 = 49 ; 83 + 10 = 93 ; 47 + 20 = 67 ; 30 + 36 = 66.

7. 15 ; 28 ; 22 ; 28.

8. 39 ; 57 ; 88.

9. 30 ; 32 ; 14.

10. 33 + 45 = 78 ; 54 + 37 = 91 ; 76 + 13 = 89 ; 69 + 36 = 105.

Problème

A. Candy possède 58 pièces de monnaie de pays d'Europe (30 + 13 + 15).

B. Elle a 33 pièces de monnaie de pays d'Amérique (12 + 11 + 10).

C. Elle a, en tout, 91 pièces de monnaie (58 + 33).

Bilan

I. 7 + 3 = 10 ; 26 + 4 = 30 ; 18 + 20 = 38 ; 15 + 5 = 20 ; 8 + 42 = 50 ; 53 + 20 = 73.

II. 32 + 17 = 49 ; 54 + 44 = 98 ; 45 + 23 = 68 ; 60 + 39 = 99.

Jeu

Raphaël collectionne les maquettes d'avion.

5 Ajouter un nombre

1. 22 – 28 – 39 – 51 – 60 – 76.

2. 7 – 9 – 11 – 12 – 13 – 15 – 18 ;
9 – 11 – 13 – 14 – 15 – 17 – 20.

3. Nouvelle liste : 17 – 20 – 23 – 27 – 30 – 33 – 37 – 40 – 43.

4. 30 – 35 – 40 – 45 – 50 – 55 – 60 – 65 – 70.
11 – 16 – 21 – 26 – 31 – 36 – 41 – 46 – 51.

5. (a 10) : 20 ; 38 ; 53 ; 85 ; 99. (a 9) : 19 ; 37 ; 52 ; 84 ; 98.

6. 45 + 53 = 98 ; 28 + 66 = 94 ; 34 + 64 = 98 ; 79 + 17 = 96.

7. 60 ; 80.

8. 60 ; 91 ; 82 ; 92.

9. 23 ; 39 ; 56.

Problème

Membre de la famille	L'âge aujourd'hui	L'âge dans 5 ans	L'âge quand Lydia aura 20 ans
Papa	35 ans	40 ans	45 ans
Maman	32 ans	37 ans	42 ans
Éric	6 ans	11 ans	16 ans
Muriel	2 ans	7 ans	12 ans
Grand-père	58 ans	63 ans	68 ans
Grand-mère	53 ans	58 ans	63 ans

Bilan

I. 19 ; 21 ; 25 ; 30 ; 33 ; 38.

II. 14 + 6 + 3 + 10 = 33 ; 11 + 7 + 9 + 3 = 30 ; 22 + 5 + 8 + 15 = 50 ; 36 + 16 + 14 + 4 = 70.

Jeu

12 – (a 2) → 14 – (a 10) → 24 – (a 15) → 39 – (a 9) → 48 – (a 6) → 54 – (a 8) → 62

RÉVISION 1

1. 92 > 85 > 64 > 35 > 16 > 7.
2.

	d	u	
48	4	8	→ 4 dizaines + 8 unités
36	3	6	→ 3 dizaines + 6 unités
68	6	8	→ 6 dizaines + 8 unités

3. Elle dépense 79 F (52 + 27).
4. Vrai ; faux ; faux ; vrai.
5. 13 + 6 = 19 ; 40 + 15 = 55 ; 38 + 51 = 89 ; 80 + 14 = 94.
6. 50 + 6 < 61 ; 12 + 12 < 18 + 7 ; 60 + 15 = 75 ; 25 + 4 < 20 + 17.
7. 5 + 7 + 5 + 1 = 18 ; 6 + 4 + 8 + 2 = 20 ; 19 + 10 + 1 + 3 = 33.
8. 71 ; 93 ; 91.
9. 79 ; 81 ; 80 ; 42 ; 46 ; 49.

Jeu

Carré magique.

5	10	3
4	6	8
9	2	7

6 Les nombres de 0 à 1 000

1. 236 = 200 + 30 + 6 ; 608 = 600 + 8 ; 149 = 100 + 40 + 9
   102 = 100 + 2 ; 954 = 900 + 50 + 4 ; 990 = 900 + 90
2. 19 < 472 < 605 < 650 < 705 < 750 < 992.
3. 236 – 154 – 632 – 920 – 425.
4. 428 ; 802 ; six cent cinquante ; 985 ; sept cent soixante-dix neuf.
5. 438 < 750 ; 597 > 570 ; 709 < 790 ; 822 > 603 ; 911 < 921 ; 327 > 324.
6. 225 < 226 < 227 ; 798 < 799 < 800 ; 610 < 611 < 612 ; 309 < 310 < 311.
7. 879 = 800 + 70 + 9 = (100 × 8) + (10 × 7) + 9
   650 = 600 + 50 = (100 × 6) + (10 × 5)
   708 = 700 + 8 = (100 × 7) + 8
8. 758 ; 990 ; 916 ; 911.
9. 304 + 123 + 16 = 443 ; 7 + 437 + 300 = 744 ;
   208 + 29 + 206 = 443 ; 153 + 448 + 394 = 995.

Problème

A. Il y a 209 garçons et hommes (25 + 24 + 108 + 49 + 3).
B. Il y a 234 filles et femmes (32 + 29 + 112 + 56 + 5).
C. Roseville compte 443 habitants (209 + 234).
D. 220 personnes ont entre 18 et 60 ans (108 + 112).

Frise

Il y a plus de carreaux en couleur que de carreaux gris.

Bilan

I. 522 < 530 ; 382 > 364 ; 630 > 603 ; 750 > 477 ; 810 < 820 ; 266 < 268.

II. 613 + 325 = 938 ; 201 + 39 + 714 = 954 ; 427 + 564 = 991 ;
147 + 400 + 58 = 605.

Jeu

600 + 31 = 631 (D1) ; 700 + 3 = 703 (C4) ; (8 × 100) + (90 + 2) = 892 (A3) ;
800 + 100 + 50 + 7 = 957 (B2).

7 Trouver la différence de deux nombres

1. Différence de prix : 10 F (25 – 15).

2. Sandrine a fait 4 tours de plus que Julie (12 – 8).

3. Carlos a cassé 10 pipes (14 – 4).

4. 7 + 5 = 12 ; 15 + 6 = 21 ; 9 + 6 = 15 ; 26 + 4 = 30 ; 8 + 9 = 17 ; 34 + 7 = 41.

5. 8 – 4 = 4 ; 10 – 3 = 7 ; 9 – 6 = 3 ; 14 – 4 = 10 ; 7 – 2 = 5 ; 16 – 9 = 7.

6. 5 = 16 – 11 ; 7 = 26 – 19 ; 5 = 26 – 21 ; 7 = 36 – 29 ; 5 = 46 – 41 ; 7 = 56 – 49.

7. 17 – 4 < 17 – 2 ; 112 – 8 > 112 – 12 ; 35 – 6 < 35 – 5 ;
234 – 25 > 234 – 30 ; 68 – 9 > 68 – 19 ; 203 – 42 < 203 – 27.

8. 325 ; 624 ; 273.

9. 611 ; 628 ; 702 ; 488.

Problème

A. William a marqué 26 points (10 + 5 + 5+ 5 +1).

B. Sandra a marqué 28 points (10 + 10 + 5 + 2 + 1).

C. Sandra a marqué le plus de points (28 > 26).

D. Différence : 2 points (28 – 26).

Bilan

I. 8 + 6 = 14 ; 17 + 5 = 22 ; 9 + 7 = 16 ; 36 + 4 = 40.

II. 15 – 3 > 15 – 5 ; 42 – 3 > 42 – 6 ; 18 – 6 < 17 – 4 ; 55 – 10 < 65 – 10.

III. Différence : 9 cm (118 – 109).

Jeu

58 – 27 = 31 ; 97 – 36 = 61 ; 69 – 36 = 33 ; 50 – 30 = 20 ; 88 – 25 = 63 ;
99 – 22 = 77 ; 76 – 15 = 61.

8 Quelques figures planes

1.

Polygones	A	B	C	D	E	F	G
Nombre de sommets	3	4	4	4	5	5	4
Nombre de côtés	3	4	4	4	5	5	4
Nombre d'angles droits	0	4	2	0	0	2	4

2. Polygones qui ont des côtés parallèles : B ; C ; D ; F ; G.

3. Polygones qui ont des côtés perpendiculaires : B ; C ; F ; G.

4.

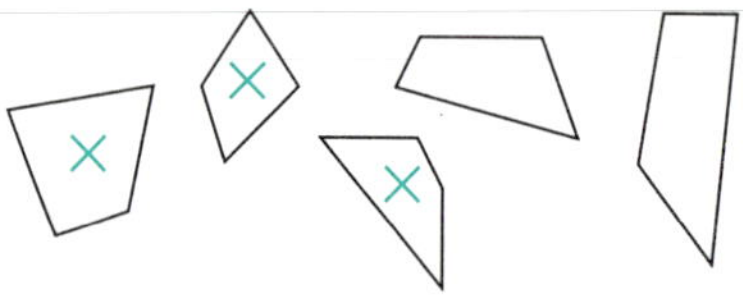

5.

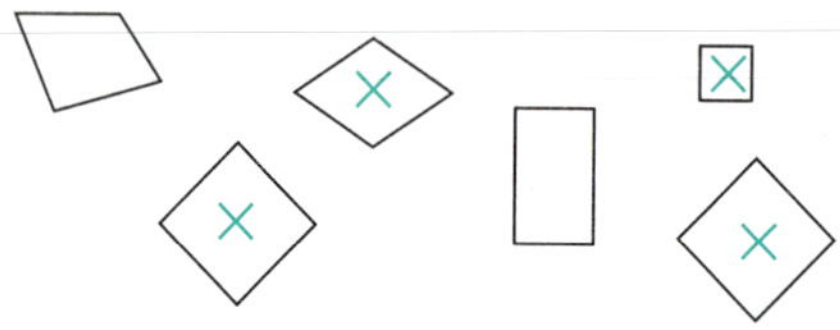

6.

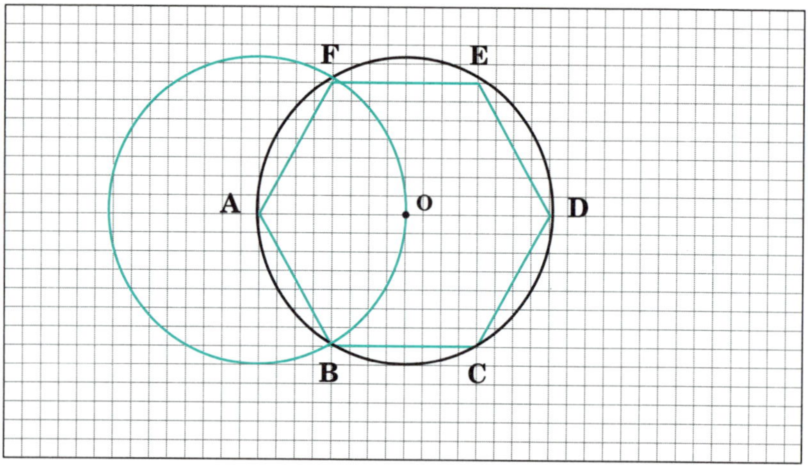

Un cercle de centre O et passant par l'un des sommets du polygone passe par tous les sommets du polygone.
Un cercle de centre A et passant par B passe par le centre du polygone.
Oui. Pour tracer avec sa règle et son compas un polygone dont les 6 côtés sont égaux, il suffit de garder le même rayon et de tracer des cercles en choisissant successivement les points A, B, F, E, D, C, comme centres.

Problème

A. Il doit tracer 4 polygones ayant 4 côtés et 4 angles droits.

B. Il doit découper 2 polygones de 4 côtés, sans angles droits.

C. Il doit tracer 8 polygones de 3 côtés.

D. Il doit découper 4 polygones de 3 côtés.

E. Il doit découper 2 polygones de 6 côtés.

Frise

Nombre de côtés : 12.

Bilan

I. Polygones à colorier :
B, C, D et G.

II. À partir d'un point, on trace un segment puis on reporte trois fois sa longueur à l'aide d'un compas.

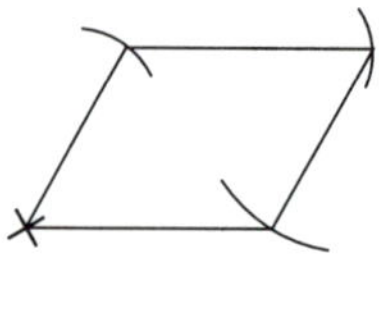

Jeu

I. Polygones de 3 côtés : vert.
Polygones de 4 côtés égaux : vert et noir.
Polygones de 5 côtés : noir.
Autres polygones : gris clair.

9 La soustraction

1. Il reste 31 passagers (56 – 25).
2. L'avion transporte 451 voyageurs (485 – 34).
3. Il reste 404 personnes sur le quai (906 – 502).
4. 106 élèves partent en classe de neige (130 – 24).
5. 31 – 10 = 21 ; 217 – 10 = 207 ; 56 – 10 = 46 ; 28 – 10 = 18 ; 345 – 10 = 335 ; 873 – 10 = 863.
6. 520 – 100 = 420 ; 771 – 100 = 671 ; 109 – 100 = 9 ; 462 – 100 = 362 ; 136 – 100 = 36 ; 985 – 100 = 885.
7. 69 – 23 = (69 – 20) – 3 = 49 – 3 = 46 ; 55 – 36 = (55 – 30) – 6 = 25 – 6 = 19 ; 74 – 32 = (74 – 30) – 2 = 44 – 2 = 42 ; 84 – 31 = (84 – 30) – 1 = 54 – 1 = 53 ; 90 – 43 = (90 – 40) – 3 = 50 – 3 = 47 ; 89 – 74 = (89 – 70) – 4 = 29 – 4 = 25.
8. 84 – 35 = 49 ; ~~318 – 522 =~~ ; ~~762 – 769 =~~ ; ~~39 – 93 =~~ ; 631 – 453 = 178 ; ~~36 – 39 =~~.
9. 31 ; 214 ; 235.
10.

573	668	925	787
– 42	– 57	– 114	– 247
531	611	811	540

11. 467 – 351 = 116 ; 696 – 73 = 623.

Problème

A. Il reste 45 personnes à bord (57 – 12).
B. 29 personnes continuent le voyage (45 – 16).
C. Il y a 34 personnes dans le car (29 + 5).
D. 19 personnes se rendent à Saumur (34 – 15).

Frise

Des rectangles.

Bilan

I. 74 – 43 = 31 ; ~~37 – 68 =~~ …… ; ~~51 – 55 =~~ …… ; ~~221 – 513 =~~ …… ; 639 – 606 = 33 ; ~~852 – 884 =~~ ……

II. 42 ; 332 ; 333.

III. Il lui reste 21 F (100 – 79).

Jeu

107 – 42 = 65 ; 100 – 40 = 60 ; 210 – 15 = 195 ; 187 – 21 = 166 ; 125 – 45 = 80 ; 100 – 45 = 55 ; 150 – 35 = 115 ; 252 – 51 = 201 ; 120 – 50 = 70 ; 175 – 50 = 125 ; 200 – 50 = 150.
Ordre croissant : 55, 60, 65, 70, 80, 115, 125, 150, 166, 195, 201.
Cédric a choisi un voilier.

10 Retrancher un nombre

1. 10 – 5 – 1 – 9 – 18 – impossible – 7.

2. 14 – 7 – 3 – 13 – 11 – 22 – impossible.
10 – 3 – impossible – 9 – 7 – 18 – impossible.

3. 40 – 36 – 32 – 28 – 24 – 20 – 16 – 12 – 8.
67 – 63 – 59 – 55 – 51 – 47 – 43 – 39 – 35.

4. –(a 10)→ 10 – 29 – 35. –(a 9)→ 11 – 30 – 36.

5.

7	11	18	20	25	33	
11	15	22	24	29	37	r 4
14	18	25	27	32	40	r 3

6.

10	12	17	21	27	33	
5	7	12	16	22	28	r 5

7. Les erreurs sont : 910 – 629 = 881 car 910 – 629 = 281.
584 – 253 = 837 car 584 – 253 = 331.

Problème

A. Nappe = 139 F ; lot de torchons : 82 F ; lot de mouchoirs : 13 F ; taie d'oreiller : 45 F ; drap : 252 F.

B. Madame Colin paiera 140 F (82 + 45 + 13).

C. On lui rend 60 F (200 – 140).

Bilan

I. 72 – 65 – 58 – 51 – 44 – 37 – 30 – 23.

II.

11	15	23	37	41	58	
5	9	17	31	35	52	r 6

Jeu

1 695 – 1 595 – 1 495 – 1 395 – 1 295 – 1 195 – 1 095.

11 Les mesures de longueur

1. Le segment AB mesure 5 cm. Le segment CD mesure 4 cm.
Le segment EF mesure 9 cm. Le segment GH mesure 2 cm.

2. AB mesure 1 cm ; BC mesure 2 cm ; CD mesure 4 cm ;
DE mesure 3 cm ; AE mesure 10 cm (1 cm + 2 cm + 4 cm + 3 cm).

3. 4 cm < 20 cm < 95 cm < 290 cm < 300 cm.

4. ~~1 050 mm~~ – 900 mm – ~~5 000 mm~~ – 360 mm – 9 mm – ~~7 530 mm~~ –
~~1 590 mm~~ – 420 mm – 73 mm.

5. 3 dm = 30 cm ; 5 cm = 50 mm ; 4 dm = 40 cm ; 6 dm = 60 cm ;
9 cm = 90 mm ; 8 cm = 80 mm.

6. 2 m = 20 dm = 200 cm ; 400 cm = 40 dm = 4 m ;
9 m = 90 dm = 900 cm ; 300 cm = 30 dm = 3 m.

7. 1 m = 8 dm + 2 dm ; 1 m = 94 cm + 6 cm ;
1 dm = 3 cm + 7 cm ; 1 dm = 20 mm + 80 mm ;
1 cm = 9 mm + 1 mm ; 1 km = 500 m + 500 m.

8. Longueur d'un ver de terre : 15 cm
Longueur d'une couleuvre : 1 m
Longueur d'un serpent python : 8 m
Longueur d'une baleine : 25 m

9. 891 ; 941 ; 1 000.

10. 421 ; 329 ; 666.

11. 879 ; 1 051.

Problèmes

I. **A.** Le ver lacet (55 m) > le rorqual bleu (33 m) > le requin baleine (18 m) > le calmar géant (17 m) > le cachalot (15 m) > la grande raie cornue (8 m).

B. Différence : 18 m (33 – 15).

II. **A.** Animaux plus grands que un mètre : l'élan de Derby, le koudou, le buffle, le bison d'Europe.

B. Le plus petit : le léopard (75 cm).

C. Le léopard (75 cm) < le guépard (80 cm) < le koudou (1 m 30 cm) < le buffle (1 m 40 cm) < l'élan de Derby (1 m 70 cm) < le bison d'Europe (1 m 90 cm).

Bilan

I. AB mesure 5 cm. BC mesure 4 cm. CA mesure 2 cm.

II. 2 cm — 5 cm — 8 cm

III. 3 m = 30 dm = 300 cm ; 600 cm = 60 dm = 6 m.

Jeu

75 cm – 3 dm – 99 cm – 1 dm 6 cm – 200 mm – 9 dm – 7 dm 7 cm – 43 cm – 632 mm.

RÉVISION 2

1. 850 > 749 ; 908 > 809 ; 717 > 688 ; 635 > 472 ; 282 < 301 ; 186 > 168.
2. Éric est âgé de 3 ans.
3. Il lui manque 84 F (156 – 72).
4. AB = 2 cm ; BC = 3 cm ; CD = 4 cm ; DE = 5 cm ; EF = 4 cm.
5. 20 – 24 – 8 – 34 – 44.
6. 8 + 6 = 14 ; 17 + 5 = 22 ; 9 + 7 = 16 ; 25 + 8 = 33.
7. 36 – 10 = 26 ; 423 – 100 = 323 ; 71 – 10 = 61 ; 655 – 100 = 555.
8. 4 dm = 40 cm ; 8 cm = 80 mm ; 5 dm = 50 cm ; 3 cm = 30 mm.
9. 906 ; 701 ; 721.
10. 539 ; 502 ; 421 ; 307 ; 227.

Jeu 15 —(r 3)→ 12 —(a 6)→ 18 —(r 10)→ 8 —(a 5)→ 13 —(a 9)→ 22.

12 Les nombres de 0 à 2 000

1. 1 235 ; 1 450 ; 1 999 ; 1 070.

2. 24 < 792 < 1 052 < 1 500 < 1 630 < 1 832 < 1 999.

3. 1 613 – 1 614 – 1 615 ; 1 899 – 1 900 – 1 901 ; 1 198 – 1 199 – 1 200 :
1 718 – 1 719 – 1 720.

4. 1 000 + 700 + 50 + 7 = 1 757 ; 1 000 + 600 + 20 = 1 620 ;
1 000 + 100 + 80 + 1 = 1 181 ; 1 000 + 40 + 4 = 1 044 ;
1 000 + 900 + 90 + 9 = 1 999 ; 1 000 + 300 + 2 = 1 302.

5. 2 000 = 1 000 + 1 000 ; 2 000 = 300 + 1 700 ; 2 000 = 1 500 + 500 ;
2 000 = 900 + 1 100 ; 2 000 = 1 200 + 800 ; 2 000 = 400 + 1 600.

6. 1 300 + 100 = 1 500 – 100 ; 1 500 + 200 > 1 800 – 200 ;
1 000 + 900 > 2 000 – 300 ; 1 200 + 300 = 1 900 – 400.

7.

1 310 = 1 000 + 300 + 10 ;	1 203 = 1 000 + 200 + 3 ;
1 902 = 1 000 + 900 + 2 ;	1 080 = 1 000 + 80 ;
1 111 = 1 000 + 100 + 10 + 1 ;	1 013 = 1 000 + 10 + 3 ;
1 675 = 1 000 + 600 + 70 + 5 ;	1 800 = 1 000 + 800.

8. En observant le résultat, on s'aperçoit que Cécile s'est trompée dans le chiffre des centaines. Le résultat correct est 148.

9. 2 000 ; 1 991 ; 1 901.

10. 441 ; 102 ; 472.

Problème

A. Le Puy de Sancy (1 886 m) > Le Mont Mézenc (1 754 m) > Le Crêt de la Neige (1 723 m) > La Dent du Chat (1 497 m) > Le Mont Pilat (1 434 m) > Le Ballon d'Alsace (1 250 m) > Le Pic de Nore (1 210 m) > Le Donon (1 008 m).

B. Le Crêt de la Neige est plus haut de 715 m (1 723 – 1 008).
Le Puy de Sancy est plus haut de 676 m (1 886 – 1 210).

C. La Dent du Chat est plus haute de 63 m (1 497 – 1 434).

D. Il se trouve à 1 504 m (1 723 – 219).

Frise

Il y a 16 côtés.

Bilan

I. 1 532 ; 1 805 ; 1 789 ; mille huit cent quarante-huit.

II. 1 825 > 1 515 ; 1 429 < 1 453 ; 1 914 < 1 918 ; 1 348 < 1 438 ;
1 606 > 1 066 ; 1 789 < 1 879.

13 Trouver le produit de deux nombres

1.

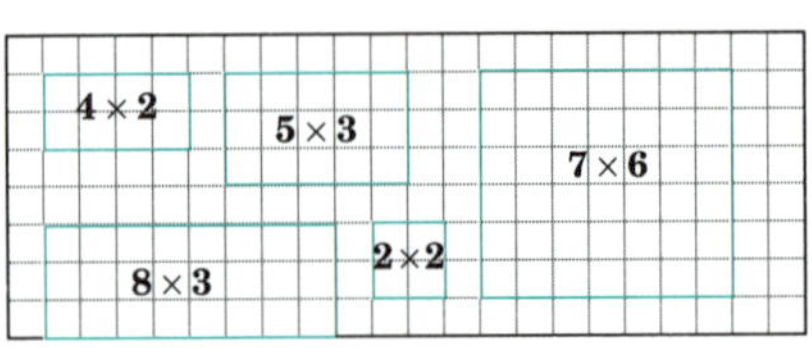

2. $4 + 4 + 4 = 12$; $4 \times 3 = 12$.
3. $7 + 7 + 7 + 7 + 7 = 7 \times 5 = 35$.
$3 + 3 + 3 + 3 + 3 + 3 = 3 \times 6 = 18$.
$5 + 5 + 5 + 5 = 5 \times 4 = 20$.
4. $4 \times 2 = 4 + 4 = 8$; $6 \times 5 = 6 + 6 + 6 + 6 + 6 = 30$;
$10 \times 3 = 10 + 10 + 10 = 30$; $8 \times 3 = 8 + 8 + 8 = 24$.
5. $2 \times 3 = 6$; $5 \times 3 = 15$; $4 \times 3 = 12$; $4 \times 2 = 8$; $4 \times 4 = 16$; $2 \times 7 = 14$;
$2 \times 6 = 12$; $3 \times 6 = 18$; $3 \times 0 = 0$.
6. $4 \times 5 = 5 \times 4$; $8 \times 3 = 3 \times 8$; $1 \times 4 = 4 \times 1$; $3 \times 7 = 7 \times 3$; $2 \times 9 = 9 \times 2$;
$3 \times 3 = 3 \times 3$.
7. $3 \times 5 < 4 \times 4$; $5 \times 5 < 4 \times 7$; $6 \times 3 > 6 \times 0$; $6 \times 2 = 4 \times 3$.
8. $8 \times 2 > 7 + 7$; $19 - 5 < 4 \times 4$; $12 + 3 = 5 \times 3$; $3 \times 9 = 21 + 6$.
9. $7 + 7 + 7 + 7 + 7 + 9 = (7 \times 5) + 9 = 44$.
$8 + 8 + 8 + 8 + 8 + 15 = (8 \times 5) + 15 = 55$.
$14 + 14 + 14 + 14 + 15 = (14 \times 4) + 15 = 71$.
$6 + 7 + 6 + 6 + 6 = (6 \times 4) + 7 = 31$.

Problème

A. Boîte Merveille : 48 carrés (8×6).
B. Boîte Délice : 56 carrés (7×8).
C. Boîte Plaisir : 49 carrés (7×7).
D. La boîte Délice.

Frise

73 carreaux en couleur $(10 \times 7) + 3$.

Bilan

I. $6 + 6 + 6 + 6 = 6 \times 4 = 24$; $10 \times 5 = 10 + 10 + 10 + 10 + 10 = 50$;
$9 + 9 + 9 = 9 \times 3 = 27$; $7 \times 4 = 7 + 7 + 7 + 7 = 28$.
II. $3 \times 4 > 5 \times 2$; $8 \times 7 > 9 \times 6$; $10 \times 4 = 5 \times 8$; $6 \times 3 = 2 \times 9$;
$6 \times 5 < 8 \times 4$; $7 \times 5 < 9 \times 4$.

Jeu

En rose : $6 \times 3 = 2 \times 9 = 9 \times 2 = 2 \times 3 \times 3 = 3 \times 6 = 18$;
En rouge : $6 \times 5 = 5 \times 6 = 2 \times 5 \times 3 = 5 \times 3 \times 2 = 10 \times 3 = 3 \times 10 = 30$;
En jaune : $3 \times 15 = 15 \times 3 = 5 \times 9 = 5 \times 3 \times 3 = 45$;
En vert clair : $4 \times 5 = 5 \times 4 = 10 \times 2 = 2 \times 10 = 20$.

14 La multiplication

1. Prix de trois bandes dessinées : 99 F (33×3).
2. Prix de cinq revues : 125 F (25×5).
3. Prix de 12 albums : 444 F (37×12).
4. Il y a 52 semaines dans une année. Dépense : 468 F (9×52).
5. $6 \times 3 = 18$; $7 \times 4 = 28$; $8 \times 6 = 48$; $7 \times 8 = 56$; $8 \times 9 = 72$; $9 \times 6 = 54$.

6. 15 × 10 = 150 ; 27 × 10 = 270 ; 51 × 10 = 510 ; 98 × 10 = 980 ; 80 × 10 = 800 ; 103 × 10 = 1 030.

7. 30 × 3 = 90 ; 50 × 7 = 350 ; 40 × 8 = 320 ; 70 × 9 = 630 ; 90 × 7 = 630 ; 110 × 6 = 660.

8. (2 + 4) × 5 = 30 ; (9 – 3) × 4 = 24 ; (1 + 8) × 9 = 81 ; (6 + 2) × 7 = 56 ; (12 – 8) × 6 = 24 ; (15 – 8) × 5 = 35.

9. 155 ; 216 ; 392 ; 752.

10.

24	42	35
× 3	× 6	× 7
72	252	245

11. 123 × 16 = 1 968 ; 258 × 7 = 1 806 ; 78 × 23 = 1 794.

Problème

A. Prix des 12 livres : 672 F (56 × 12).

B. Prix des 15 albums : 525 F (35 × 15).

C. Prix des 10 revues : 240 F (24 × 10).

D. Prix des 3 dictionnaires : 261 F (87 × 3).

E. Dépense totale : 1 698 F (672 + 525 + 240 + 261).

Frise

9 petits carrés dans un grand T en couleur. 45 petits carrés dans 5 T en couleur.

Bilan

I. 1 510 ; 1 100 ; 1 700.

II. 282 ; 1 827 ; 2 225.

III. Lundi : 375 F (25 × 15). Mardi : 575 F (25 × 23).

Jeu

63 × 2 = 14 × 9 = 42 × 3 = 9 × 14 = 21 × 6 = 18 × 7 = 126 : son livre est « L'Ours ».

15 Le carré, le rectangle et le triangle

1. Harmonie municipale : rectangle. Amicale Victor-Hugo : triangle. Club de judo : carré.

4. Périmètre en cm : 40 – 48 – 84 – 168 – 100 – 144.

5. 1/2 périmètre en m : 15 – 20 – 32. Périmètre en m : 30 – 40 – 64.

6. Périmètre en dm : 36 – 50 – 48.

7. À partir du sommet A, on trace un arc de cercle de 4 cm de rayon. À partir du sommet B, on trace un arc de cercle de 3 cm de rayon. À l'intersection de ces deux arcs de cercle se trouve le troisième sommet du triangle.

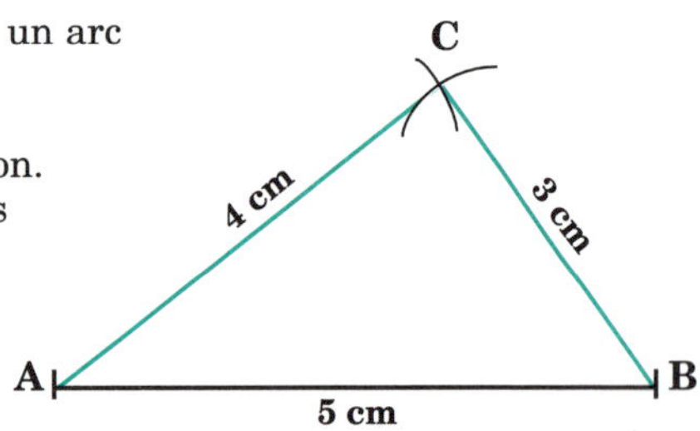

Problème

A. Union bouliste : 140 cm ; 1 m et 40 cm (55 + 55 + 30).

B. Harmonie municipale : 280 cm ; 2 m et 80 cm [(95 + 45) × 2].

C. Club de voile : 280 cm ; 2 m et 80 cm (70 × 4).

D. Longueur totale : 700 cm ; 7 m (140 + 280 + 280).

Frise

Des rectangles.

Bilan

I. 36 ; 44 ; 60 ; 160.

II. On procède de la même façon que pour tracer un polygone de 4 côtés égaux mais en veillant, avec l'équerre, à ce qu'il y ait des angles droits.

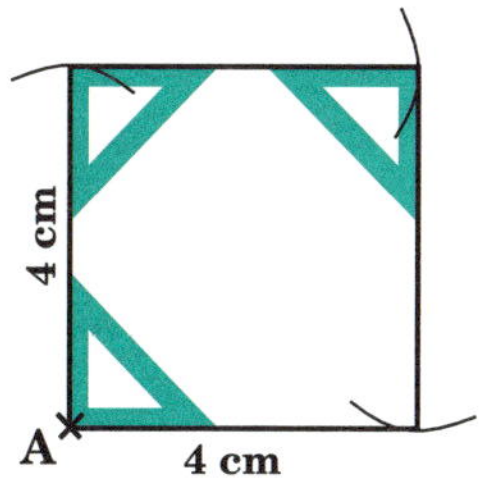

16 Multiplier par un nombre

1. 20 – 25 – 30 – 40 – 45 – 50.

2. —(m 2)→ 14 – 6 – 10 – 16 – 8 – 18 – 12 – 20.
—(m 3)→ 42 – 18 – 30 – 48 – 24 – 54 – 36 – 60.

3. 9 × 100 = 900 ; 15 × 100 = 1 500 ; 18 × 100 = 1 800 ; 11 × 100 = 1 100 ; 6 × 100 = 600 ; 20 × 100 = 2 000.

4. —(m 5)→ 20 – 35 – 45 – 50 ; —(m 7)→ 42 – 49 – 63 – 70

5. —(m 3)→ 15 – 27 – 30 – 21 – 0 ; —(m 4)→ 60 – 108 – 120 – 84 – 0 ;
—(m 3)—(m 4)→ = —(m 12)→

6. 1 672 ; 1 070 ; 1 950.

7. 901 – 1 428 – 1 292 – 1 853.

Problème

A. Prix du chocolat : —(m 8)→ 24 F – 32 F – 40 F – 48 F – 56 F – 64 F.

Prix des bonbons : —(m 12)→ 36 F – 48 F – 60 F – 72 F – 84 F – 96 F.

B. (m 15)

2	3	4	5	6	7	8	Paquets de gâteaux
30	45	60	75	90	105	120	Prix en francs

Frise

16 carreaux en couleur et 9 carreaux gris.

Bilan

I. ⟶ (m 5 ; m 2 ; m 10)

4	5	11	20
20	25	55	100
40	50	110	200

II. 1 624 ; 1 000 ; 1 960.

Jeu

2 × 3 = 6 ; 6 × 6 = 36 ; 2 × 2 = 4 ; 4 × 9 = 36 ; 2 × 6 = 12 ; 12 × 3 = 36 ;
2 × 3 = 6 ; 6 × 2 = 12 ; 12 × 3 = 36.

17 Le calendrier et le temps

1. Exemple : 18 septembre 1996.
2. En 1996, le 14 juillet est un dimanche ; Noël est un mercredi ; le 15 août est un jeudi ; le 11 novembre est un lundi ; le 1er mai est un mercredi.
3. En 1996 : 5 mai, 12 mai, 19 mai, 26 mai.
4. 3 h (ou 15 h) ; 1 h 30 min (ou 13 h 30 min) ; 6 h (ou 18 h) ; 10 h 30 min (ou 22 h 30 min).
5.

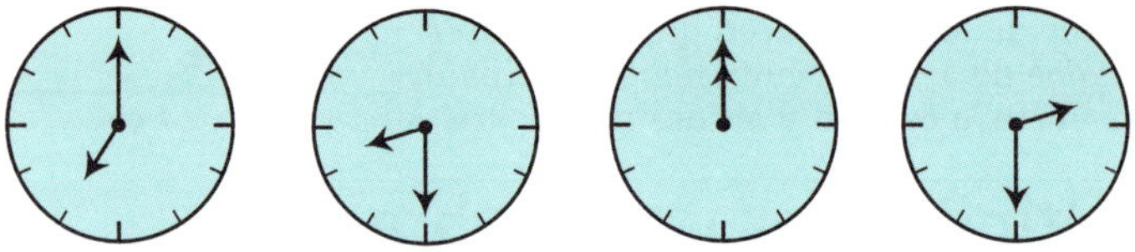

7 h — 8 h 30 — midi — 14 h 30

6. 6/6/1944 ou 06/06/1944 ; 9 novembre 1970 ; 1/1/1992 ou 01/01/1992 ; 25 décembre 1988 ; 4/9/1870 ou 04/09/1870 ; 1er mai 1962.
7. Jessy aura 10 ans en 1997 ; elle aura 13 ans en 2000 ; elle aura 20 ans en 2007 ; elle aura 25 ans en 2012.
8. 2 h = 120 min ; 1 h 10 min = 70 min ; 6 h = 360 min ; 2 h 20 min = 140 min ; 9 h = 540 min ; 3 h 12 min = 192 min.
9. 8 h 15 min ; 6 h 30 min ; 11 h 50 min.
10. À 15 h 20 min.
11. 1889 – 1802 = 83. Victor Hugo est mort à 83 ans.

Problème

A. Elle aura un an le 12 juillet 1996 ; deux ans le 12 juillet 1997 ; dix ans le 12 juillet 2005.

B. 30 juillet 1995.

C. 13 août 1996.

D. 12 juillet 1965.

Frise

Des carrés (leurs 4 côtés sont égaux et à angles droits).

Bilan

I. 4 h (16 h) ; 12 h 15 min (0 h 15 min) ; 9 h 30 min (21 h 30 min) ; 11 h 25 min (23 h 25 min).

II. 240 min. ; 480 min. ; 600 min. ; 720 min. ; 130 min. ; 195 min.

Jeu

05-12-65 ; 24-07-67 ; 01-01-68 ; 07-04-70 ; 07-06-70 ; 13-07-83 ; 09-09-85.

RÉVISION 3

1. 1 000 + 7 = 1007 ; 1 000 + 900 + 20 + 1 = 1921 ;
1 000 + 300 + 10 = 1 310 ; 800 + 30 + 6 = 836 ; 1 000 + 40 + 2 = 1 042.

2. Prix de 6 serviettes : 102 F (17 × 6).

3. Longueur : 180 m [(50 + 40) × 2].

4. Il faut ajouter 50 à chaque fois. 1 000 – 1 050 – 1 100 – 1 150 – 1 200 – 1 250 – 1 300 – 1 350 – 1 400 – 1 450 – 1 500 – 1 550 – 1 600.

5. 6 h 30 min (18 h 30 min) ; 3 h 10 min (15 h 10 min) ; 9 h (21 h).

6. 7 × 6 = 42 ; (4 + 3) × 9 = 63 ; 9 × 9 = 81 ; (13 – 8) × 8 = 40.

7. 32 × 10 = 320 ; 104 × 10 = 1 040 ; 18 × 100 = 1 800 ; 27 × 100 = 2 700.

8. 3 h = 180 min ; 1 h 20 min = 80 min ;
8 h = 480 min ; 2 h 15 min = 135 min.

9. 720 + 1 187 = 1 907 ;
1 066 + 654 = 1 720 ;
1 843 – 1 465 = 378 ;
1 901 – 973 = 928.

10. 97 × 6 = 582 ; 221 × 8 = 1 768 ;
36 × 23 = 828 ; 74 × 26 = 1 924.

Jeu

1	5	1	8
9	2	5	
2	0	0	0
8		0	

18 Les nombres de 0 à 10 000

1.

	Mille			Unités simples		
	c	*d*	*u*	*c*	*d*	*u*
3 150 →			3	1	5	0
5 555 →			5	5	5	5
8 096 →			8	0	9	6
9 809 →			9	8	0	9

2. 42 < 2 607 < 3 659 < 4 052 < 9 001 < 10 000.

3. 5 199 – 5 200 – 5 201 ; 4 644 – 4 645 – 4 646 ;
6 999 – 7 000 – 7 001 ; 8 998 – 8 999 – 9 000.

4. 3 452 ; 7 569 ; 4 785 ; 9 803.

5. 5 243 ; 9 875 ; 6 069.

6. 4 357 ; 7 590 ; 8 031.

7. 3 600 < 7 800 ; 3 000 + 100 < 3 000 + 500 ; 5 400 > 4 500 ;
4 000 + 300 > 2 000 + 800 ; 6 950 > 6 250 ; 8 000 – 100 > 7 000 + 600 ;
8 231 < 8 238 ; 5 000 + 700 > 6 000 – 400.

8. 5 899 ; 9 091.

9. 2 171 ; 2 917.

10. 6 848 ; 9 078.

Problème

A. C'est le vendredi 23 décembre : 2 315 spectateurs.

B. 9 259 spectateurs (942 + 1 054 + 1 212 + 1 317 + 2 315 + 432 + 1 987).

C. Il y a eu moins de spectateurs.

D. 741 (10 000 – 9 259).

Frise

Bien qu'ils semblent différents, ils ont les mêmes dimensions (c'est une illusion d'optique).

Bilan

I. 143 < 522 < 2 519 < 5 220 < 9 000 < 9 812.

II. 8 440 ; 10 000 ; 8 891.

Jeu

6 910 – 7 001 – 8 099 – 6 999 – 7 420 – 8 215 – 7 503.

19 Les multiples d'un nombre

1. 3 – 1 – 9 – 17 – 29.

2. 20 – 50 – 150 – 280 – 1 000.

3. 0 – 3 – 6 – 9 – 12 – 15 – 18 – 21 – 24 – 27 – 30.

4.

Nombre	est multiple de 2	est multiple de 3	est multiple de 4
4	×		×
8	×		×
12	×	×	×
24	×	×	×
36	×	×	×

5. 6 ; 12 ; 18 ; 24 ; 30.

6. 0 – 4 – 8 – 12 – 16 – 20 – 24 – 28 – 32 – 36 – 40 – 44 – 48.

7. 4 < 7 < 8 ; 24 < 25 < 28 ; 12 < 14 < 16 ; 8 < 9 < 12 ; 28 < 29 < 32 ; 44 < 46 < 48.

8. 3 × 4 = 12 ; 8 × 7 = 56 ; 4 × 8 = 32 ; 8 × 3 = 24 ; 5 × 9 = 45 ; 7 × 9 = 63 ; 6 × 8 = 48 ; 9 × 8 = 72.

9.

```
  6 329          45        5 044
+   319     + 1 025     +     64
+ 2 100     +   459     +    866
-------     -------     -------
  8 748       1 529        5 974
```

10. 36 000 (il suffit d'ajouter un zéro).

Problème

A. 270 joueurs participent à ce concours (90 × 3).

B. 2 700 F (270 × 10).

C. 162 joueurs participent au concours du quartier Sud (54 × 3).

D. 152 joueurs participent au concours du quartier Est (38 × 4).

E. 255 joueurs participent au concours du quartier Ouest (85 × 3).

Frise

Des triangles isocèles.

Bilan

I. 16 – 24 – 32 – 40 – 48 – 56.

II. 1 – 2 – 4 – 6 – 8 – 12 – 24.

III. 2 × 9 = 3 × 6 ; 6 × 6 = 4 × 9.

Jeu

Multiples de 3 : 18 ; 30 ; 75 ; 57 ; 84 ; 60 ; 36 ; 39 ; 45 ; 72.

Multiples de 5 : 55 ; 30 ; 75 ; 20 ; 60 ; 70 ; 45 ; 65 ; 85.

20 Repérages et déplacements

1.

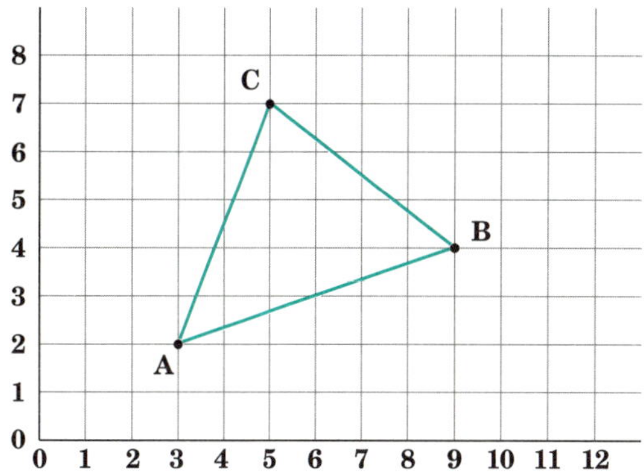

Le polygone obtenu est un triangle.

2.

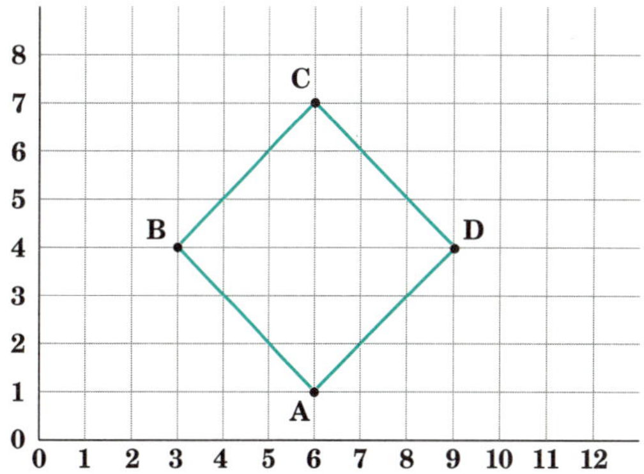

Le polygone obtenu est un carré.

3.

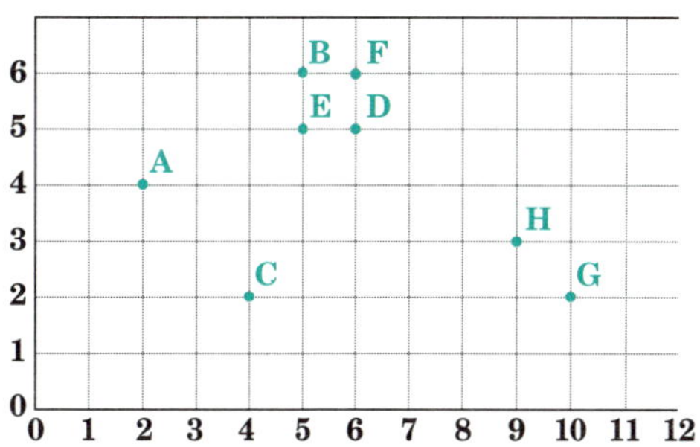

4. a : (1 ; 2) d : (5 ; 4)

b : (2 ; 5) e : (6 ; 1)

c : (3 ; 3) f : (8 ; 2).

5.

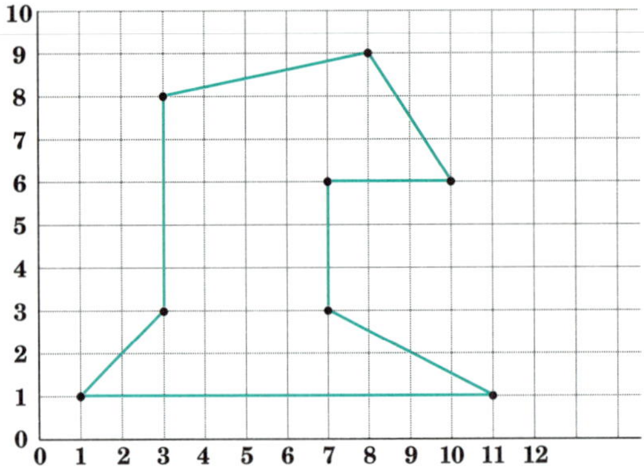

Problèmes

I.

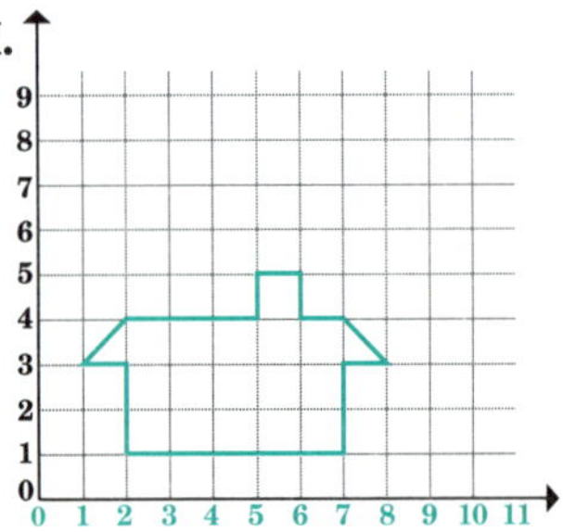

II.

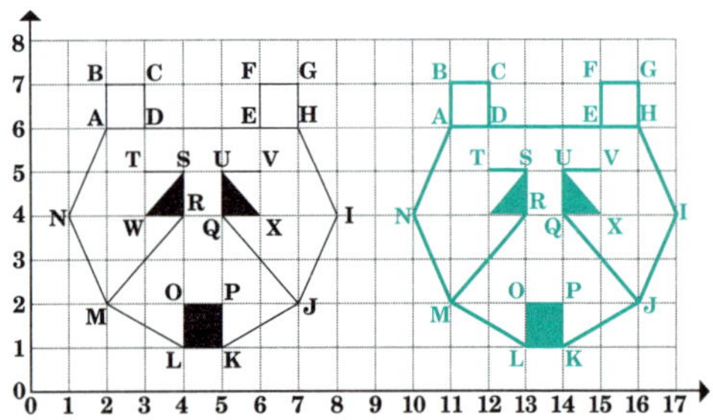

Bilan

I. A : (1 ; 3) B : (2 ; 4) C : (4 ; 4) D : (5 ; 3)
E : (5 ; 2) F : (4 ; 1) G : (2 ; 1) H : (1 ; 2)

II.

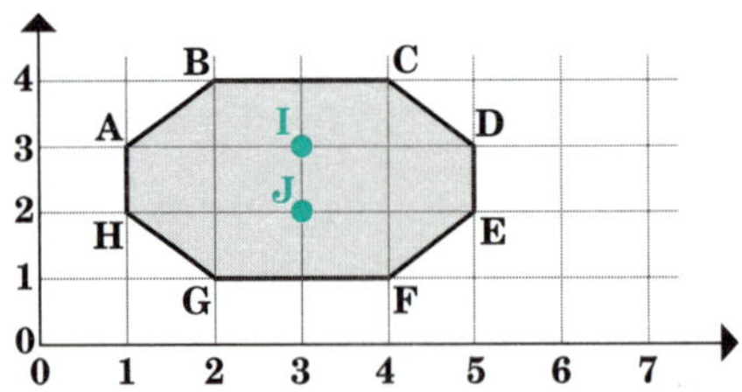

21 Les mesures de masse

1. Le poids du lapin : 2 kg 250 g = 2 500 g.
2. Le poids du poulet = 1 kg 310 g = 1 310 g.
3. 2 800 g ; 2 kg 800 g.
4. 600 g (750 – 150).
5. 32 : 8 = 4 ; 72 : 9 = 8 ; 25 : 5 = 5 ; 90 : 10 = 9 ; 48 : 6 = 8 ; 56 : 8 = 7.
6. 3 kg ; = 3 000 g ; 2 kg 350 g = 2 350 g
6 kg ; = 6 000 g ; 1 kg 40 g = 1 040 g ; 1 kg 500 g = 1 500 g ;
5 kg 425 g = 5 425 g ; 4 kg 800 g ; = 4 800 g ; 8 kg 7 g = 8 007 g.

7. 1 kg = 500 g + 500 g ; 1 kg = 950 g + 50 g ; 1 kg = 800 g + 200 g ;
1 kg = 540 g + 460 g ; 1 kg = 700 g + 300 g ; 1 kg = 880 g + 120 g ;
1 kg = 100 g + 900 g ; 1 kg = 90 g + 910 g.

8. Poids d'un éléphant d'Asie : 7 000 kg
Poids d'un mouton : 150 kg
Poids d'un ours blanc : 600 kg
Poids d'un chimpanzé : 55 kg

9. 8 222 = 8 127 + 95 ; 9 016 = 9 016 + 0 ; 10 000 = 9 855 + 145.

Problème

A. Le scarabée Goliath : 100 g.

B. Le crocodile marin : 2 000 kg.

C. Le scarabée Goliath (100 g) < le ouistiti (700 g) < la loutre de mer (35 kg) < le cerf (250 kg) < le tigre d'Inde (350 kg) < l'élan d'Alaska (500 kg) < le bison d'Amérique (1 300 kg) < le crocodile marin (2 000 kg).

D. L'élan d'Alaska est plus lourd de 250 kg (500 – 250).

Bilan

I. 1 kg = 600 g + 400 g ; 1 kg = 500 g + 500 g
1 kg = 200 g + 800 g ; 1 kg = 750 g + 250 g
1 kg = 300 g + 700 g ; 1 kg = 350 g + 650 g.

II. 10 g < 50 g < 100 g < 1 000 g < 3 000 g < 5 000 g.

Jeu

1 kg = 500 g + 500 g ; 400 g = 100 g + 300 g ; 200 g + 200 g ;
1 kg = 900 g + 100 g ; 700 g = 300 g + 400 g ; 1 500 g = 1 kg + 500 g.

22 Vers le cours moyen

1. 4 équipes (24 : 6). Tout le monde jouera.

2. 9 maillots (18 : 2).

3. 50 joueurs (10 × 5).

4. 19 gendarmes et 19 voleurs (38 : 2).

5. 6 × 7 = 42 ; 7 × 7 = 49 ; 10 × 11 = 110 ; 9 × 9 = 81 ; 10 × 7 = 70 ;
4 × 20 = 80.

6. (3 × 7) < 23 < (4 × 7) ; (6 × 9) < 55 < (7 × 9) ;
(5 × 5) < 29 < (6 × 5) ; (7 × 8) < 60 < (8 × 8) ; (6 × 6) < 41 < (7 × 6) ;
(9 × 4) < 38 < (10 × 4).

7. 12 – (5 × 2) = 2 ; 34 – (10 × 3) = 4 ; 20 – (6 × 3) = 2 ; 47 – (9 × 5) = 2 ;
25 – (8 × 3) = 1 ; 59 – (8 × 7) = 3.

8. 76 = (10 × 7) + 6 ; 83 = (20 × 4) + 3 ; 29 = (8 × 3) + 5 ; 75 = (9 × 8) + 3 ;
39 = (7 × 5) + 4 ; 64 = (7 × 9) + 1.

9. 416 ; 100 ; 1 209 ; 1 513.

10. 77 ; 152 ; 0.

11. 78 : 6 = 13 ; 336 : 6 = 56 ; 92 : 4 = 23 ; 238 : 7 = 34.

Problème

A. 9 équipes (63 : 7).

B. Oui. 2 personnes ne pourront pas jouer.

C. 10 équipes.

D. 2 personnes. 72 : 7 = 10 et il reste 2.

Bilan

I. 5 × 7 = 35 ; 8 × 9 = 72 ; 6 × 0 = 0 ; 8 × 10 = 80 ; 6 × 6 = 36 ; 4 × 11 = 44.

II. (8 × 7) + 4 = 60 ; 94 = (30 × 3) + 4 ; (10 × 9) + 8 = 98 ; 82 = (11 × 7) + 5.

Jeu

Case n° 5 (48 : 6 = 8 ; 80 : 10 = 8 ; 32 : 4 = 8).

RÉVISION 4

1.

Nombres compris entre 0 et 1 000	Nombres compris entre 1 000 et 6 000	Nombres compris entre 6 000 et 10 000
905 – 771 – 19	5 903 – 4 936 – 1 205	8 999 – 9 631 – 7 205 – 6 001

2. 25 – 50 – 75.

3. 43 F (86 : 2).

4. A : (2 ; 5) – B : (2 ; 2) – C (4 ; 3) – D (8 ; 7).

5. (6 × 2) + 5 = 17 ; 32 – (7 × 4) = 4 ; (7 × 9) + 6 = 69 ; 77 – (9 × 8) = 5.

6. 9 × 5 = 45 ; 64 : 8 = 8 ; 6 × 9 = 54 ; 36 : 4 = 9.

7. 4 kg = 4 000 g ; 2 kg 250 g = 2 250 g ; 3 kg 200 g = 3 200 g ; 6 kg 80 g = 6 080 g.

8. 5 431 + 3 929 = 9 360 ; 345 × 28 = 9 660 ; 8 035 – 2 436 = 5 599 ; 304 × 29 = 8 816.

9. 8 027 = 7 925 + 102 ; 8 675 = 8 456 + 219.

Jeu

Le voleur est Riton.

AUTO-ÉVALUATION / Les nombres de 0 à 10 000

1. (2 × 100) + 50 + 10 + 5 + 2 = 267.
(4 × 100) + (2 × 50) + 5 + 1 = 506.
(3 × 100) + (2 × 20) + (2 × 5) = 350.
100 + (2 × 50) + 20 + 10 + 5 = 235.

2.

2 020	deux mille vingt	(2 × 1 000) + (2 × 10)
2 002	deux mille deux	(2 × 1 000) + 2
2 200	deux mille deux cents	(2 × 1 000) + (2 × 100)
2 220	deux mille deux cent vingt	(2 × 1 000) + (2 × 100) + (2 × 10)

3. 4 753 = 700 + 3 + 4 000 + 50. 7 081 = 80 + 1 + 7 000.
2 460 = 400 + 2 000 + 60. 5 853 = 5 000 + 3 + 50 + 800.

4. (6 × 500) + (4 × 100) + (10 × 20) + (10 × 10) = 3 700.

AUTO-ÉVALUATION / Les opérations +, –, ×

1. 52 + 8 = 60 120 + 80 = 200.
52 + 18 = 70 120 + 100 = 220.
52 + 28 = 80 120 + 200 = 320.
52 + 48 = 100 120 + 280 = 400.

2. 475 + 237 + 28 = 740.

3. 572 – 52 = 420 : faux. 902 – 72 = 730 : faux. 520 – 280 = 31 : faux.

4. 50 × 20 = 100 : faux. 100 × 20 = 200 : faux. 20 × 20 = 40 : faux.

5. Elle a lu 56 pages le samedi et 72 pages le dimanche :
56 + 72 = 128.

6. Cela fait 10 fois 15 appartements : 10 × 15 = 150.

AUTO-ÉVALUATION / Mesures de longueur, de masse, de temps

1. Un immeuble de 20 étages = 50 m.
La taille d'un homme = 1 m 75 cm.
La distance Paris-Lyon = 460 km.
La pointure d'un pied = 2 dm.

2. Le tour du monde = en km.
Une perle = en mm.
La longueur de la cuisine = en m.

3. Du 14 juillet au 31 juillet = 18 jours ;
Du 1er août au 6 août compris = 6 jours ;
Soit : 18 + 6 = 24 jours de fermeture.

4. Une baguette de pain = 350 g.
Une voiture de ville = 650 kg.
Un bonbon = 12 g.

5. Le chat pèse la différence des deux poids, c'est-à-dire 5 kg.

AUTO-ÉVALUATION / Droites-repérages

1.

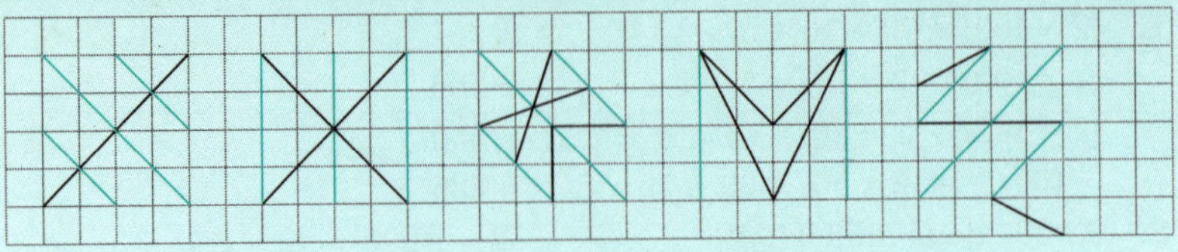

2. Dans chaque figure, les traits épais et de même couleur sont parallèles.
Dans la figure en couleur, les traits épais sont perpendiculaires.

3. C'est le dessin B qui est réalisé en joignant les points.

4. Les codes des sommets du nouveau triangle seront :
(11 ; 5) ; (14 ; 7) ; (19 ; 3).

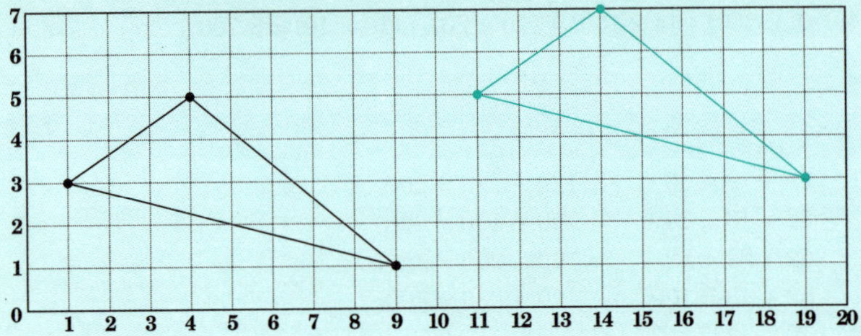

Imprimé en Italie par TIBER
Dépôt légal n° 6326.09/1995
Collection n° 41 - Édition n° 01
16 - 6785 - 6